农业特色产业与乡村旅游规划及产业融合研究：以贵州为例

陈晓钰 著

全国百佳图书出版单位
吉林出版集团股份有限公司

图书在版编目（CIP）数据

农业特色产业与乡村旅游规划及产业融合研究：以贵州为例 / 陈晓钰著. -- 长春：吉林出版集团股份有限公司，2024.4
　　ISBN 978-7-5731-5022-6

Ⅰ.①农… Ⅱ.①陈… Ⅲ.①农业产业－应用－乡村旅游－旅游业发展－研究－贵州 Ⅳ.①F327.73 ②F592.773

中国国家版本馆 CIP 数据核字（2024）第 095129 号

农业特色产业与乡村旅游规划及产业融合研究：以贵州为例
NONGYE TESE CHANYE YU XIANGCUN LVYOU GUIHUA JI CHANYE RONGHE YANJIU YI GUIZHOU WEILI

著　　者：	陈晓钰
责任编辑：	许　宁
技术编辑：	王会莲
封面设计：	豫燕川
开　　本：	787mm×1092mm　1/16
字　　数：	200 千字
印　　张：	12.75
版　　次：	2024 年 4 月第 1 版
印　　次：	2024 年 4 月第 1 次印刷
出　　版：	吉林出版集团股份有限公司
发　　行：	吉林出版集团外语教育有限公司
地　　址：	长春市福祉大路 5788 号龙腾国际大厦 B 座 7 层
电　　话：	总编办：0431－81629929
印　　刷：	吉林省创美堂印刷有限公司

ISBN 978-7-5731-5022-6　　　　　　定价：76.00 元
版权所有　侵权必究　　　　　　举报电话：0431－81629929

前言

随着经济发展水平的快速提高，我国逐步迎来了大众旅游时代，旅游成为广大人民群众美好生活的重要组成部分。乡村旅游是以乡村地理空间环境为依托，面对城市居民旅游市场，利用乡村特有的自然环境、农事生产活动、乡风民俗等独特的旅游资源，规划设计出符合地方特色的乡村旅游产品，使旅游者在乡村的游览和体验活动中获得身心满足的一种旅游方式。乡村旅游为我国实施乡村振兴战略提供了巨大力量，充分发展乡村旅游成为实现乡村振兴的重要手段，乡村旅游在旅游业发展中的重要作用也日益凸显。

2006年6月，中国首部省级乡村旅游规划——《贵州省乡村旅游规划》顺利通过专家评审。以此为契机，贵州省明确提出了将乡村旅游作为贵州省旅游业发展的重点，以自然环境、文化等为内涵的乡村旅游，成为贵州省新一轮旅游业建设和发展的主题。从资源禀赋和国际、国内旅游市场发展的趋势来看，贵州省具有建设乡村旅游目的地的独特优势。另外，贵州乡村旅游业在统筹城乡发展、推动"新农村"建设和构建"和谐贵州"、繁荣农村经济、增加农民收入、消除贫困与促进新农村建设方面逐渐凸显其显著作用。

本书基于产业融合对贵州省乡村旅游资源现状进行梳理和分析，内容包括乡村旅游概述、乡村旅游的内涵与类型、乡村旅游与农村经济发展的关系、贵州农业特色产业发展研究、乡村旅游与贵州特色农业融合发展研究、基于产业融合的乡村旅游发展思路、基于产业融合的乡村旅游升级机理、基于乡村旅游产业融合发展的贵州乡村旅游资源与产品开发等。通过深入挖掘和整合贵州生态资源以及农业、旅游业发展特点，坚持走突出特色、集聚集约、绿色生态、增效增收的现代特色高效农业发展路子，将农业特色产业与旅游业两个产业系统融合升级，对正处在经济转型和全域旅游发展时期的贵州是十分必要的。以贵州省为例，深入探讨和研究如何推进农业特色产业开发与乡村旅游资源有效整合，可以为其他地区开展农业乡村旅游提供借鉴和参考。

在撰写本书的过程中，笔者查阅和借鉴了大量的相关资料，得到了相关专家和同行的支持与帮助，在此一并致谢。由于水平有限，书中难免出现纰漏，恳请广大读者指正。

目 录

第一章　乡村旅游概述 …………………………………………………… 1
　　第一节　乡村旅游的概念与特点 ………………………………………… 1
　　第二节　世界乡村旅游的兴起与发展 …………………………………… 9
　　第三节　我国乡村旅游发展 ……………………………………………… 12
　　第四节　贵州地区乡村旅游发展 ………………………………………… 18

第二章　乡村旅游的内涵与类型 ………………………………………… 21
　　第一节　乡村旅游的内涵 ………………………………………………… 21
　　第二节　乡村旅游的类型与形式 ………………………………………… 23
　　第三节　乡村旅游不同类型的意义 ……………………………………… 37
　　第四节　贵州乡村旅游的类型 …………………………………………… 39

第三章　乡村旅游与农村经济发展的关系 ……………………………… 49
　　第一节　贵州农村经济发展分析 ………………………………………… 49
　　第二节　乡村旅游对农业经济社会发展的重要性 ……………………… 54
　　第三节　乡村旅游中乡村生态旅游的重要作用 ………………………… 55
　　第四节　乡村旅游与农村经济的互动发展 ……………………………… 60
　　第五节　农村经济精英与乡村旅游发展 ………………………………… 78
　　第六节　乡村生态化旅游对农村经济贡献率的对策与保障措施 …… 84

第四章　贵州农业特色产业发展研究 …………………………………… 91
　　第一节　特色农业基础理论 ……………………………………………… 91
　　第二节　贵州农业特色产业发展现状 …………………………………… 99
　　第三节　贵州农业特色产业发展存在的突出问题 …………………… 102
　　第四节　纵深推进农业特色产业发展的对策建议 …………………… 105

第五章　乡村旅游与贵州特色农业融合发展研究 …………………… 110
　　第一节　相关概念及理论基础 ………………………………………… 110

第二节　乡村旅游与贵州特色农业融合发展的必要性和可行性
　　　　……………………………………………………………………… 114
　　第三节　乡村旅游与贵州特色农业融合发展模式……………… 118
　　第四节　乡村旅游与贵州特色农业融合发展的路径探索……… 125
　　第五节　乡村旅游与贵州特色农业融合发展的保障措施……… 127

第六章　基于产业融合的乡村旅游发展思路………………………… 130
　　第一节　政府角色多元化,政府行为科学化,促进乡村旅游产业
　　　　　　融合发展…………………………………………………… 130
　　第二节　产业政策整合,保障乡村旅游产业融合发展…………… 142
　　第三节　产业集成,调整乡村旅游产品供给……………………… 144
　　第四节　路径通融,创新乡村旅游产业融合方式………………… 145
　　第五节　管理模式创新,优化乡村旅游产业链…………………… 147
　　第六节　全方位营销模式创新,加速乡村旅游产业融合………… 149
　　第七节　保障乡村旅行社区利益,稳定乡村旅游融合发展……… 154

第七章　基于产业融合的乡村旅游升级机理………………………… 158
　　第一节　基于 GIC 模型的乡村旅游发展影响要素分析………… 158
　　第二节　乡村旅游产业融合发展的动力机制……………………… 167
　　第三节　乡村旅游产业融合发展的途径…………………………… 168
　　第四节　乡村旅游产业融合发展的演化路径……………………… 169

第八章　基于乡村旅游产业融合发展的贵州乡村旅游资源与产品开发
　　　　………………………………………………………………………… 172
　　第一节　乡村旅游开发的模式……………………………………… 173
　　第二节　贵州乡村民俗活动类旅游资源开发……………………… 177
　　第三节　贵州乡村景观类旅游资源开发…………………………… 184
　　第四节　贵州乡村旅游商品的开发………………………………… 188

参考文献…………………………………………………………………… 194

第一章 乡村旅游概述

第一节 乡村旅游的概念与特点

一、乡村旅游的概念

(一) 国外相关学者对乡村旅游概念的界定

国外学者较早认识到乡村旅游的重要性,并对乡村旅游的概念进行了界定,最具有影响力的观点主要有以下几种。

澳大利亚学者 Patmore 主张乡村本身并不是一种休闲娱乐资源,而是城市及荒野地区的连接体。因此,他认为城市与乡村之间并不是完全割裂开来的,乡村并不具有能够使自身变成旅游胜地的资源。与之相反,乡村因为生活在其中的居民的文化特性而显示出一定的魅力。

英国莱茵学者 Bramweland Lane 曾对乡村旅游的概念做了较为全面的阐述,他认为乡村旅游的概念不只是在乡村地区进行的旅游活动那么简单。相反,由于乡村旅游是一种复杂的、多侧面的旅游活动,不同的国家和地区乡村旅游的形式不同;有些城市和景区旅游并不仅限于城市地区,也扩展到乡村;而有些在乡村的旅游却并不是乡村的,如主题公园和休闲宾馆。

欧洲联盟(EU)和世界经济合作与发展组织(OECD)将乡村旅游定义为在乡村开展的旅游,指出田园风格是乡村旅游的中心和独特的卖点。乡村旅游是基于乡村地区,具有乡村特点,经营规模小,空间开阔,能够可持续发展的旅游形式。

西班牙学者 Gilbertand Tung 认为乡村旅游就是农户为旅游者提供

食宿等条件，使其在农场、牧场等典型的乡村环境中从事各种休闲活动的一种旅游形式。这个观点将乡村旅游的场所界定为农场和牧场，从本质上讲就是认为乡村旅游等同于农业旅游。

美国学者 Momont 主张乡村囊括了相互叠加的社会空间，这部分社会空间所具备的社会制度、行为方式、思维方式等存在较大的差异。乡村人口可以划分为三种类型，包括乡村—乡村型（Rural-rural）、乡村—城市型（Rural-urban）、城市—乡村型（Urban-rural）。其中，第一种类型包含的乡村人口有着典型的乡村生活方式，大多数人依赖对土地的所有权或直接通过土地而生存。乡村—城市型和城市—乡村型则在不同程度上拥有城市和乡村的生活方式，如经常往返于城市和乡村的乡村居住者、乡村的文职服务人员等。这些不同的生活方式致使乡村本土居民这个概念更加复杂，进而导致乡村旅游概念的界定产生争议。

芬兰乡村发展委员会认为乡村旅游是全面开发乡村资源，创造能够出口产品的途径和工具，通过在量和质两个方面做出努力，乡村旅游可以被建设成为整个芬兰乡村就业和收入的基本源泉。从这里可以看出，芬兰乡村发展委员会所界定的概念注重的是乡村旅游的经济功能。

以色列学者 Arie Reichel 和 Oded Lowengart，及美国学者 Ady Milman，主张乡村旅游就是位于农村区域的旅游，具有农村区域的特性，如旅游企业规模较小、区域要开阔和具有可持续发展性等特点。

世界旅游组织顾问、旅游开发规划师 Edward Insekep 定义的乡村旅游是一种与传统的乡村有关的旅游形式。参与此种旅游的旅游者能够体验到乡村的生活方式及其相关知识，而乡村居民能够从旅游活动中获得直接的收益。这种观点着重于乡村旅游为社会所带来的效益。

霍金及金肯斯也强调乡村旅游对社区发展所产生的影响，指出旅游者大批涌进乡村地区能够实现下面的目标。

第一，为乡村地区创造经济收益，增加就业机会，拉动区域经济发展。

第二，促使乡村地区经济及社会基础设施的建设。

第三，拉动其他产业的飞速发展。

第四，促进乡村地区居民福利设施、体育设施、娱乐设施的建设。

第五，拉动环境保护和文化资源保护。

（二）国内相关学者对乡村旅游概念的界定

国内对乡村旅游的概念也进行了相关阐释，各方观点有所差异。部分学者从旅游吸引物、目标市场、旅游动机这几个角度出发，提出乡村旅游是以乡村的自然风光及各种类型的活动为吸引物，以城市居民为主要目标群体，以满足旅游者的各类需求为目的的一种旅游方式。部分学者从空间背景、旅游吸引物、旅游功能这几个角度出发，指出乡村旅游是指以乡村空间环境为依托，以乡村独特的生产形态、民俗风情、生活形式、乡村风光、乡村居所和乡村文化等为对象，利用城乡差异来规划设计和组合产品，集观光、游览、娱乐、休闲、度假和购物为一体的旅游形式。还有学者指出乡村旅游是以城市居民为主要目标市场，以农业文化景观、农业生态环境、农事生产活动、农民日常生活与环境、农村风土人情为资源，融观赏、参与、休闲、度假、疗养、考察、修学、科普、美食、娱乐、购物等方式于一体的专项旅游活动。

除此之外，也有学者从旅游场所限定、旅游吸引物、旅游目标市场、旅游者的旅游动机等方面综合考虑，提出乡村旅游是以远离都市的乡村社区为其活动场所，以乡土文化为吸引核心，以乡村自然生态景观、乡村聚落景观、农业劳作景观、乡村经济景观、乡村农耕文化及文化景观、乡村民居建筑景观等"乡村性"景观为旅游资源，以居住地域环境、生活方式及经历、农事劳作方式等方面有别于当地乡村社区的居民为目标市场，着眼于生态环境保护，坚持可持续发展，以满足旅游者观光、休闲、求知和回归自然等需求的一种旅游形式。

（三）对乡村旅游概念的思量

从上述国外及国内学者对乡村旅游概念的论述中，我们可以得出以下三种观点。

第一，乡村旅游研究中最大的、最引人注目的分支是充分体现出乡村性特点的农庄旅游（Farm-tourism）或农业旅游（Agri-tourism）。

第二，界定乡村旅游概念的最重要的标志应该是区别于城市的、根植于乡村世界的乡村性，这也是吸引旅游者进行乡村旅游的基础。

第三，农业在我国国民经济中具有重要地位，农业旅游的研究也成为国内学者研究乡村旅游的重点。

国内有相当一部分学者将乡村旅游等同于农业旅游。从某种意义上讲，这种观点具有一定的合理性，但也显示了国内学者的相关研究具有局限性，这种局限性主要表现在以下三个方面。

第一，乡村旅游的表现形式极为多样化，除了农业旅游或观光农业旅游之外，还囊括了乡村文化旅游、乡村风土人情旅游等，国内学者单纯将乡村旅游等同于农业旅游，显示出狭隘的一面。

第二，国内学者认识到乡村旅游的文化属性，在界定乡村旅游或观光农业概念时也有提到农业文化景观、风土人情，但只是将它们列在从属的位置，而不是把它们作为乡村旅游的分支单独列出。这就使得国内乡村旅游、农业旅游、观光农业旅游、休闲农业旅游等概念与国外文献中有关概念不吻合，容易引起概念和表述上的歧义。

第三，在界定乡村旅游概念的时候，国内学者并未刻意强调乡村旅游的乡村性，这可能致使乡村旅游概念的界定出现模糊现象。

乡村旅游概念界定的不完整和不准确会产生两种直接后果。一方面，对乡村旅游研究理论体系的建立产生不利影响；另一方面，致使乡村旅游的开发模式、开发思路、经营模式出现单调乏味的特点。国外对乡村文化和风土人情旅游的开发和研究极为重视，而国内目前对乡村文化和风土人情资源的开发重视不够，反而对与农业密切相关的各种类型的休闲农场和观光农园，如观光果园、观光茶园、多功能花园、休闲渔场等开发力度很大。我国具有丰富而悠久的历史文化资源，不同地域的文化显示出多姿多彩的特点，可以开发及利用的乡村文化资源较多，未来还需要加强对乡村文化旅游的开发及研究。

第一章　乡村旅游概述

从上述国内、国外学者对乡村旅游概念的解释中，我们可以发现要想对乡村旅游的概念进行精准界定，应该明晰以下五个方面的内容。

第一，明晰乡村旅游的空间概念。乡村旅游只能是发生在"乡村"这个空间的旅游，而"乡村"这个空间专指以从事农业生产为主的劳动人民所住的地方，也称为乡间聚居之地，它有别于都市、风景名胜区。

第二，明确乡村旅游资源的概念。乡村旅游资源应是存在于"乡村"这个空间的旅游资源。乡村中凡是具有审美和愉悦价值而使旅游者为之向往的自然存在、历史文化遗产和社会现象都应该属于乡村旅游资源的组成部分，它不仅包括乡野风光等自然旅游资源，还包括乡村建筑、乡村聚落、乡村文化、乡村饮食、乡村服饰、农业景观和农事活动等人文旅游资源。

第三，明晰乡村旅游的目标市场。乡村旅游的目标市场应主要定位于城市居民，满足都市人享受田园风光、回归淳朴民风的愿望。

第四，明晰乡村旅游的内容形式。乡村旅游应是一种内容多样形式活泼的旅游形式，其除了能满足旅游者观光游览需求外，还要满足旅游者度假休闲、农事体验等需求，是一个集观光、游览、娱乐、休闲、度假和购物的一种新型旅游形式。

第五，明晰乡村旅游的发展特色。乡村旅游区别于其他旅游类型的特点是其乡土性，而乡土性也正是乡村旅游吸引城市居民这个目标群体的显著优势。当我们进行乡村旅游规划、设计及产品组合的时候，应该充分利用此种优势，着力满足城市居民回归自然、回归本源的愿望。

综合以上论述，可以得出乡村旅游是指以乡村空间环境为依托，以乡村独特的农业生产经营活动、农民生活形态、风土人情、乡村风光、乡村居所和乡村文化等为旅游资源，利用城乡差异来规划设计和组合产品，主要吸引城市居民前来观光、游览、娱乐、休闲、度假和购物的一种新型旅游形式，可以为乡村社区带来社会、经济和环境效益的结论。

二、乡村旅游的特点

(一) 乡村旅游资源显示出乡土性的特点

乡村旅游资源集中依托于乡村的环境及生活。在那些来自大城市地区的旅游者眼中，乡村旅游地所有与城市不同的事物，如乡村旅游地所依托的山、水、田、林、人为配以的野趣、浓郁的建筑设施和活动项目等，构成了一幅"悠悠古韵、浓浓乡情"的田园画卷，都是具有极强吸引力的旅游资源。实际上，这部分旅游资源指的是乡村居民的生活及所居住的环境，旅游者需要通过深入乡村地区进行生活，才能感悟城市和乡村之间的差异。因而旅游者是在当地短暂生活的"村民"，与一般旅游活动中旅游者始终以一种"外人"的身份和姿态出现在当地社会和居民生活中有所不同。以往的旅游活动在追求经济效益的同时，往往重视挖掘旅游景观的吸引力，而乡村旅游则为旅游者提供了一个完完全全的乡村生活环境。

(二) 乡村旅游市场显示出定势性的特点

乡村旅游市场的定势性主要表现在以下两个方面。

一方面，乡村旅游的目标客源市场界定为大中型城市，尤其是商业化水平较高的大城市。这是因为乡村旅游是到乡村去了解乡村民情、礼仪等，也可以通过观赏当时种植的一些乡村土产及果树、小溪、小桥，来深入了解乡村。旅游者可在乡村（通常是偏远地区的乡村）及其附近逗留、学习，参与乡村生活模式相关的体验活动。乡村旅游的乡村性决定了其难以吸引居住在小城镇的居民，因为这些地区的城乡一体化现象明显，居民在日常生活中便能够感受到乡村生活特性，对乡村旅游的需求并不强烈。

另一方面，从当前我国入境旅游者的旅游行为来讲，大多是以热门旅游城市为主的观光旅游，乡村旅游这种新型的旅游方式起步较晚、发展尚不成熟，和西方国家相比还具有很大的差距。加之旅游时间的限制，海外游客难以到一些正在开发或已开发但尚未成熟的偏远山村或郊区进行旅游。从这个层面上讲，乡村旅游的目标客源应该放在国内游客身上，这实际上是由国内旅游的发展趋势所决定的。

（三）乡村旅游时空结构显示出分散性的特点

我国的乡村旅游资源丰富，同时在自然条件上显示出明显的地域差异，进而使得各个地区形成了不同的农事文化。由于农业受水、土、光、热等自然条件影响和制约较大，因此乡村旅游四季各得其趣。这种因季节、气候的不同变化赋予乡村旅游资源不同的景观和风貌，可以更好地满足游客的需要。因此在开发利用过程中必须充分考虑季节因素，以便因时、因地组合产品，产生各具特色的乡村景观。而自然环境和文化传统的差异，使得不同地域乡村的农业文化景观风格各异。除此之外，乡村旅游资源的分布较为分散，能够防止城市旅游所表现出来的拥挤现象，可以最大程度调动旅游者的热忱。

（四）乡村旅游产品显示出文化性的特点

与乡村旅游相关的文化集中表现在农事文化上，这些农事文化具有异常显著的地域差异，带有浓厚的乡土气息，是乡村居民所创造出来的精神财富及物质财富的总和，囊括了丰富的历史、经济、科学、文学等文化内涵。乡村旅游文化特性包含着深厚淳朴的本土文化和宁静自然的田园生态文化。旅游者离开居住地到乡村地区旅游的最大动力就是城乡之间在自然景观、自然环境、社会经济、生活方式、文化特征等方面具有差异性，这就决定了乡村文化在旅游产品的生产和组合中可以作为最重要的素材和着眼点。天人合一式的环境，健康、朴素、简单的生活，可以读到的历史，可以看见的美德，正是这些乡村地区所独有的魅力，造就了乡村的旅游吸引力。因而，我们认为原汁原味的乡村文化是乡村旅游最现实的特征，也是乡村旅游最大的卖点。

（五）乡村旅游活动显示出参与性的特点

乡村旅游并不是单纯的观光旅游活动，而是囊括了观光、疗养、养生、访祖、娱乐等多种功能，是一种复合型的旅游活动。与传统观光旅游中游客被动观光不一样，乡村旅游游客在主题活动上有很大程度的参与性，如垂钓、采茶、捕鱼、挖笋、日常劳作活动等。乡村旅游重在体验，不仅能体验乡村的风土人情、农家生活和劳作形式，而且能够在劳动的欢愉之余，购得自己满意的农副产品和民间工艺品，可谓一举多得。旅游者可以通过参加农业生产的某一特定活动，来体验乡村居民的日常生活，从中收获满足感、成就感、幸福感。

（六）乡村旅游效益显示出综合性的特点

乡村旅游效益的综合性主要体现在以下几个方面。

第一，乡村旅游带来巨大的经济效益。乡村旅游业作为劳动密集型、以服务为主的第三产业，具有受经济衰退影响较小、就业门槛低、就业人数多等特征，是乡村地区参与旅游开发的主要形式。它能够从根本上增加农民的就业机会，提升农民的收入，有助于农业产业结构的优化调整。

第二，乡村旅游带来较大的社会效益。乡村旅游是一种高层次的消费活动，在满足人们精神文化生活需要的同时，也成为物质文明建设和精神文明建设的最佳结合点。一方面，旅游者在进行乡村旅游的过程中，通过领略这些地区的秀丽山河、风土人情、历史文物，可以增强自身的民族自豪感和爱国主义情怀。另一方面，旅游者给当地居民带来了新的思想观念、新的生活方式、新的信息、新的思维，开阔了当地居民的眼界，促进了当地居民物质生活水平及精神文明的提高。除此之外，乡村旅游对文化层次的要求较高，这调动了当地居民自发自主学习文化知识的积极性和主动性，在很大程度上提升了当地居民的文化素养。

第三，乡村旅游带来较大的生态效益。开展乡村旅游，能够让当地百姓获得实惠，使当地居民认识到了当地旅游资源的价值，促使他们主动自觉地去保护、美化周边环境。同时与工矿业相比，旅游业没有原料消耗，资源可以持续利用，是"无烟工业"，在本质上与环境保护有着内在一致性。除此之外，乡村旅游产业带来了较大经济收益，为乡村环境的维护及美化提供了更多的资金。

第二节 世界乡村旅游的兴起与发展

一、世界乡村旅游的兴起

关于世界乡村旅游的兴起,学术界有不同的说法。部分学者主张乡村旅游最初在法国兴起:1855年,一位名叫欧贝尔的法国参议员带领一群贵族来到巴黎郊外农村度假。他们品尝野味,乘坐独木舟,学习制作肥鹅肝酱馅饼,伐木种树,清理灌木丛,挖池塘淤泥,欣赏游鱼飞鸟,学习养蜂,与当地农民同吃同住。通过这些活动,他们重新认识了大自然的价值,促进了城乡居民之间的交往,增强了城乡居民的友谊。从此以后,乡村旅游在欧洲各个国家逐渐兴起,并逐步发展起来。另外一种观点是乡村旅游发源于欧洲。1865年,意大利"农业与旅游全国协会"的成立,标志着乡村旅游的诞生。协会专门介绍城市居民到农村去体味农业野趣,他们与农民同吃、同住、同劳作,或者在农民的土地上搭起帐篷野营,或者在农民家中住宿。旅游者在乡村中参与农事活动、骑马、钓鱼,购买并食用了各类新鲜的农副产品。由此可见,无论何种观点,大众普遍认为乡村旅游兴起于19世纪的欧洲。

乡村旅游源自欧洲,是由两方面因素决定的。一方面,19世纪开始,欧洲的工业化及城市化发展进程不断加快,铁路、公路等交通设施设备持续完善,使乡村地区的交通状况得到了较大的改善。另一方面,伴随着工业化和城市化进程的加快,带来了一系列负面问题,如工业城市污染、快节奏的生活方式等,导致城市居民向往宁静的田园生活和美好的乡间环境,于是乡村旅游应运而生。从整体来看,落基山区、阿尔卑斯山区的城市化及工业化发展水平较高,是世界上最早发展乡村旅游的地区。

二、世界乡村旅游的发展

世界乡村旅游的起步较早，发展较为成熟，其发展过程可以总结为以下三个阶段。

（一）萌芽阶段

萌芽阶段主要指的是19世纪工业革命时期。这个阶段是乡村外迁居民的"探乡旅游"，旅游者多来自中产阶级和上层社会，以乡村观光为主。在此时期，法国、意大利等国家率先开展了乡村旅游活动，此后各个国家逐渐效仿，助推了乡村旅游在全球范围内的传播。但是此时期所开展的乡村旅游活动主要针对的是经济富裕的贵族人群，那些经济拮据的平民阶层并未参与到乡村旅游活动中。因而我们认为萌芽阶段的乡村旅游实际上是贵族的乡村旅游，并未在全社会范围内形成共识。

（二）全面发展阶段

全面发展阶段主要指的是20世纪30—80年代初期。西欧、北美及日本等发达国家乡村旅游相继开发，主要旅游活动为历史遗迹参观、钓鱼、散步、乡间自驾游、郊游、摄影、观光、乡间农作方式体验、乡村景观参观等。从20世纪60年代快速发展以来，乡村旅游在欧美国家已经成熟发展为规模巨大的产业。当前，美国、英国、法国、德国、奥地利、西班牙等发达国家的乡村旅游已经具备较大的规模，迈入规模化的发展轨迹。

（三）成熟阶段

成熟阶段主要指的是20世纪80年代中后期直至今日。20世纪80年代以后，受现代城市旅游的影响，传统单纯的观光活动已经不能适应城市旅游者的需求，乡村旅游功能开始不断扩展，满足旅游者娱乐、休闲、度假、健身、疗养等需求的参与性旅游活动不断推出。此时，原始的农业园已转变为休闲农庄、农场，乡村建成大量的旅游接待设施，旅游业经营管理水平也逐步上升，乡村旅游的层次、品位和文化内涵进一步提高。在这个发展阶段内,发达国家的乡村旅游最具有代表性的经营模式便是农耕出租,也就是将土地出租给旅游者,使农场主获得租用费。这种经营模式在日本、瑞典、我国台湾地区等高收入国家及地区均得到了很好的发展。

20世纪90年代之后,整个欧洲大陆及北美地区均开发了乡村旅游,新加坡、澳大利亚、韩国、日本等国家的乡村旅游也基本步入规范化的发展进程,如今已经具备较大的产业规模,凸显出顽强的生命力。例如,目前法国全国有16万个农庄推出了乡村旅游活动,并有33%的居民选择到乡村度假,全国每年接待的国内外游客约200万人次,乡村旅游收入占旅游总收入的1/4。在意大利,全国20个行政大区已开展乡村旅游,约有7500个可供住宿的农庄,仅托斯卡纳大区每年接待的国内外游客就在20万人次以上。美国农村一直地多人少,而开展乡村旅游不仅弥补了农业劳动力的短缺,而且帮助农场主推销了农副产品,因此乡村旅游在美国很受欢迎。目前仅美国东部地区就有观光农场1500多家,各个农场除了开展游客自采瓜果蔬菜的旅游项目之外,还推出垂钓、绿色食品展、乡村音乐会等特色旅游项目。为促进乡村旅游的健康发展,美国政府还制定了专门的管理法规,对观光农场提出严格的软硬件标准要求。在亚洲,日本的乡村旅游发展相对较早。各大旅行社创造性地开发了务农旅游,每年组织旅游者参与春季的插秧、秋季的收割等农事活动,及牧场放牧、挤牛奶、渔场捕捞等相关项目。旅游者若想参与这类活动,还需要向旅行社及农场缴纳一部分费用。

综合以上论述,世界乡村旅游历经三个发展阶段,其旅游产品摆脱了以往的乡村观光形式,个性化旅游及乡村度假逐渐成为高层次的、较为主要的旅游需求,旅游发展目标也从最初在乡村地区旅游转变成真正意义上的乡村旅游。乡村旅游的发展如此引人注目,与其特殊的历史背景紧密联系。由于一个多世纪以来工业化和城市化进程的不断加快,乡村的经济和政治地位发生了很大的变化。特别是近几十年来,由于技术进步、农业生产方式的不断改进,农业劳动力需求下降,剩余农产品不断增加,这迫使政府采取措施限制农产品产量。在这种情况下,乡村地区大量的人口外移,人口总数逐年减少,最终导致乡村服务行业的萧瑟及乡村地区的衰败。因此乡村地区的发展议题引起西方发达国家政府的重视,把发展旅游业作为改变乡村经济结构的重要途径之一。

第三节 我国乡村旅游发展

一、我国乡村旅游的兴起

我国是一个历史悠久的农业国家,古代的文人墨客已经进行了大量的郊游活动及田园休闲活动。后来出现的城市居民到城郊远足度假十分活跃,但大多是自助式活动,而且旅游对象处于"纯自然状态",没经过开发,不是现代的乡村旅游或者农业旅游开发。部分学者认为我国的乡村旅游兴起于20世纪中期,起初是为了接待外宾,最早开发乡村旅游活动的地区为山东省石家庄村。但国内学者更认同的说法是,乡村旅游起源于20世纪80年代的深圳,当时深圳为了招商引资举办了"荔枝节",随后又开办了采摘园,取得了较好的效益。此后,各个地区纷纷仿照深圳的乡村发展方式,举办了独具特色的观光农业活动,形成了大量特色显著的乡村旅游示范点。例如,四川的"农家乐"旅游项目、贵州的村寨旅游、北京平谷的蟠桃采摘园和大兴的西瓜采摘园、浙江金华石门农场的花木公园和自摘自炒茶园等,都是我国有名的乡村旅游示范点。20世纪90年代初,作为农业产业结构调整的一种形式,乡村旅游在四川休闲之都——成都郊区龙泉驿书房村的桃花节的成功示范效应的带动下,迅速在全国各地推广开来。自此以后,乡村旅游这种旅游形式在我国逐渐发展起来。

二、我国乡村旅游的发展阶段

虽然我国乡村旅游的起步较晚,但是发展的速度相对较快,主要经历了以下四个发展阶段。

（一）早期兴起阶段

早期兴起阶段主要指的是 20 世纪 80—90 年代。此时的乡村旅游主要集中于拥有特殊自然资源和文化特色的乡村地区，如安徽省皖南地区的西递村、宏村。

在这个发展阶段内，乡村旅游大多属于无意识开发。人们在开展农业活动的过程中，无意识中吸引了游客，特别是城市居民的注意，进而产生了旅游效益。在深圳、四川等地区的带动及示范下，其他地区也发现了乡村资源所带来的深层效益，纷纷开发具有地域特色的乡村旅游形式，逐渐优化了我国旅游业的发展模式，为乡村地区进一步发展提供了新的道路。

（二）初期发展阶段

初期发展阶段主要指的是 20 世纪 90 年代—20 世纪末期。在此时期，珠江三角洲地区开始开发"农庄旅游"，集中表现为城市人口到乡村地区参观、品味美食的"农家乐型"。90 年代后，随着乡村地区观光农业园大规模建立，逐步形成了市民农园、教育农园、休闲农场、休闲牧场、农村留学、森林旅游、高科技农艺园、多功能花园、乡村工业园、水乡旅游、田园主题公园、乡村生态旅游区等多种形式的乡村旅游，表现为城里人到各类农业观光园采摘水果、钓鱼、种菜、野餐、学习园艺等活动的"农业娱乐型"。

这个阶段最显著的发展特征便是以开发观光农业为主的休闲旅游，满足了社会大众的各类需求，且逐渐向"乡村度假型"的发展模式演变。这期间涌现出了一大批具有鲜明乡土特色和时代特点的乡村旅游地与乡村旅游区，例如，北京平谷的蟠桃采摘园和大兴的西瓜采摘园、淮北平原的"绿洲仙境"小张庄、江苏省江阴市华西村、上海的都市农业园、广东番禺的农业大观园等。这些乡村旅游地的开发和建设，不仅为城市居民提供了新的旅游休闲地域与空间，而且为农民致富和乡村发展开辟了新的途径。为了带动乡村旅游的进一步发展,我国国家旅游局推出了乡村旅游路线,这个路线跨越 20 个省、10000 余个村,并于 1999 年举办了"生态旅游年"。

(三) 初具规模阶段

初具规模阶段主要指的是 2000—2010 年。步入 21 世纪之后,我国政府格外关注乡村旅游的发展,明文指出应该按照我国的具体情况因地制宜开发乡村旅游。2001 年,"全国农业旅游示范点"正式启动创建工作。2002 年,全国开展创建"全国工农业旅游示范点"工作,对各地发展"农家乐"起到了极大的推动作用。2004 年,全国推出"我国百姓生活游"的旅游主题,其目的就是通过旅游者走进百姓生活,百姓参与旅游活动,城乡游客互动带动乡村社会经济的发展。2006 年,我国乡村旅游年更是把乡村旅游建设推向高潮。此后,形成一定规模的乡村旅游目的地主要集中在城市近郊和城乡接合部、江南古镇和古村落、中西部山村等地,乡村旅游资源的开发利用空间还很大。2007 年,举办"2007 中国和谐城乡游"。2009 年,全国旅游工作会议指出发展城乡旅游已成为各地发展农村经济的重要"抓手"、培育支柱产业的重要内容、发挥资源优势的重要手段、促进城乡交流的重要途径、优化产业结构的重要举措,并启动乡村旅游"百千万工程",即围绕旅游产业的全面发展,在全国推出 100 个特色县、1000 个特色乡、10000 个特色村。我国境内最初开展的乡村旅游活动大多以周末休闲旅游及观光旅游的方式出现,且大部分出现在大城市、中型城市的近郊地区,大多为"农家乐"式或者都市农业旅游的乡村旅游,例如北京地区开办的"民众旅游接待户"、四川开办的"农家乐"等。在此之后,大量以感悟乡村居民生活、体验乡村风光、欣赏乡村地区的风土人情为主题的新型乡村旅游产品在全国范围内推广开来。

(四) 创意提升阶段

创意提升阶段主要指的是 2010 年至今。从 2011 年开始,农业农村部、文化和旅游部大力推进乡村旅游由自发式粗放发展向规范化特色发展转变，努力把乡村旅游做成大产业，并在全国联合开展休闲农业与乡村旅游示范县和全国休闲农业示范点创建活动。活动的目的是通过创新机制、规范管理、强化服务、培育品牌，进一步规范提升休闲农业与乡村旅游发展，推进农业功能拓展、农村经济结构调整。经过几十年的努力，我国的乡村旅游产业、休闲农业发展规模日趋扩大，类型逐渐多样化，发展模式主要从乡村居民自主自发地发展转变成规划引导式发展，分布方式主要从零星分布转变成集群分布，经营规模主要从分散式经营转变成集约式经营。

三、新时期下我国乡村旅游的发展现状

（一）总体发展前景广阔

1. 发展规模大，遍及全国

自1998年国家旅游局推出"华夏城乡游"从而形成第一次乡村旅游热以来，在我国经济高速发展、各级政府大力开发和推广乡村旅游、城市居民渴望回归大自然等多种因素的作用下，我国乡村旅游一直呈现出不断开发、高潮迭起的发展态势，并最终形成了发展总体规模大、遍及全国的特点。

2. 旅游产品种类繁多，个性化突出

我国乡村旅游活动的种类日益多元化，从旅游者赴乡村旅游的目的可划分为八种类型，即乡村观光旅游、乡村农家乐、乡村文化旅游、乡村休闲旅游、乡村度假旅游、乡村健身旅游、乡村体验旅游、乡村探险旅游。

同时，旅游产品显示出个性化的特征。以往我国乡村旅游将"农家乐"视为最主要的旅游产品，但这类旅游产品所蕴藏的文化含量十分有限，其对社会大众最大的吸引力便在于乡村环境，缺乏个性。而现在，不少地区的乡村旅游产品都注重个性开发，以满足不同旅游者的需求。如在我国乡村旅游的发源地成都乡郊，出现了乡村旅游的"五朵金花"，

即红砂村的"花乡农居"、幸福村的"幸福梅林"、驸马村的"东篱菊园"、万福村的"荷塘月色"、江家村的"江家菜地"。这些地区的旅游产品围绕独具特色的"花文化"，着重开发和"花文化"有关的乡村旅游产业，蕴藏着丰富的地方文化内涵，显示出不同地域的个性化特点，获得了较好的成效。

3. 旅游模式多种多样，推陈出新

经过几十年的发展，我国乡村旅游从最初单一的"农家乐"模式转变成形式多样的发展模式。有学者把目前我国的乡村旅游归纳为六种模式，即"农家乐模式""高科技农业观光园模式""农业新村模式""古村落的开发模式""农业的绝景和胜景模式""与景区兼容模式"。尤其令人欣慰的是，新的乡村旅游模式还在不断涌现，如在一些地区出现了以新鲜、收获、家庭化为特色的"观赏农业"及"采摘林业"模式，以差异、体验、竞赛化为特色的"休闲渔业"及"体验牧业"模式，以就地取材、就地交易、就地增值为特色的"手工业"及"乡村艺术"模式。除此之外，部分地区还出现了乡村酒店、专业生产村、文化主题村等新型的乡村旅游发展模式。

4. 成效显著，影响深远

乡村旅游是我国政府实施的缩小城乡之间差距的重大措施，是城市发展反哺乡村发展的新型活动，在我国兴起时间较短，但是已经取得了突破性的成绩，影响异常深远。我国乡村旅游的发展对我国新农村建设的促进作用集中体现在经济层面上，即拓宽农民的增收渠道。世界旅游组织统计资料显示，旅游业的投资乘数为4.3，这意味着每增加1元的投资，就能产生4.3元的收益，带动第三产业，促进第一产业，增加农村的资本积累。此外从社会层面上讲，乡村旅游为乡村居民带来了更多的就业机会，拓展了就业内需。据统计，乡村旅游每增加1个就业机会，就能带动5个农村人口就业。从文化的角度上讲，乡村旅游提升了乡村居民的文化素质。从环境的角度上讲，乡村旅游助推了乡村居民生态环保意识的形成，在很大程度上改善了乡村的环境。

(二)乡村旅游发展过程仍存在各类问题

1. 管理制度落后,基础设施滞后

第一,开发乡村旅游的人大多为当地居民,这些乡村居民并未形成整体把控的意识,往往是想到什么便开展什么行动。"食、住、行、游、购、娱"六大要素之间存在着数量和质量上的不平衡,难以形成一系列的旅游服务;同时,整条产业链的连续经营很难维持,政府也尚未制定完整有效的政策法规。

第二,乡村地区的基础设施落后,服务质量低下,通信设备无法跟上时代的步伐,都是亟待解决的问题。

第三,乡村旅游区因其涉及面较广,需要一个权威的协调管理机构进行统一规范管理。因而政府需要制定相关的法律法规进行统一管理,还需要投入更多的资金用于完善乡村地区基础设施,以提升乡村旅游的服务水平。

2. 缺乏人才,经营管理水平相对较低

第一,乡村旅游的开发主要依托于本土的自然景观、环境景观,经营乡村旅游的人大多为当地居民。这些居民缺少专业的旅游和营销知识,导致乡村旅游的游客范围受到一定限制。通常情况下,只有周边城市的一部分旅游者会进入乡村地区进行旅游,他们往往利用短期休假放松自我,进而缓解城市生活的压力。

第二,近几年乡村旅游的迅速发展与管理人才的匮乏相互矛盾,彼此牵制,影响了经营水平的提升。比起当地农民的文化水平,一些接受过系统培训和专业知识的高水平旅游从业人员更具有经营能力,能够提高乡村旅游的服务质量和规模档次。

第三,乡村旅游的经营者往往能力不足,难以形成系统化、科学合理的管理模式,致使乡村旅游的经营管理水平相对较低。

3. 旅游产品单一,品位不高

第一,我国乡村旅游的可利用资源相对不足,且对风土人情的关注度不足,致使当前的乡村旅游大多集中开发观光农业、休闲农业等旅游

产品。其中，农家乐旅游形式大都依赖于所处地区的环境资源，以此进行观光、餐饮、住宿等活动，这样会降低经营者的收益，导致乡村旅游同质化。

第二，要想形成一条完整的产业链，突破传统的经营模式，就需要对当地的文化进行更深层次的挖掘，增强旅游产品的特色，打造属于自己的品牌。

第三，由于乡村地区地理位置相对偏僻，自然条件相对低劣，开发时难以建设高品质的餐饮场所或者住宿场所，最终导致乡村旅游的品位相对较低。

4. 缺乏启动资金，环境破坏严重

第一，乡村旅游的开发需要投入大量的资金，前期的整体规划及中期的环境保护是一项零回报的过程，这就导致大部分地区失去了发展的激情，难以步入后期的高收益阶段。

第二，乡村旅游依托于当地的环境资源，一般经营者多为农户，他们不具有强烈的环境保护意识，一味地索取造成了对环境的无意识破坏。部分开发商追逐利益，不合理开发生态环境；经营者肆意建设餐馆、娱乐场所等都是造成乡村环境恶劣、空气质量下降的重要原因。

第三，乡村旅游的客源基本上来自周边城市，旅游者本身高压力、快节奏的生活方式极有可能对乡村居民纯正的风土人情产生影响。长此以往，便会导致乡村旅游失去原本的特色，失去了可持续发展的动力。

第四节　贵州地区乡村旅游发展

贵州作为"公园省"，旅游资源丰富，生态系统完整，原始自然的高原喀斯特景观和古朴神秘的山地民族文化紧密结合，孕育出贵州文化价值、科研价值、观赏价值和体验价值较高的乡村旅游产品。

贵州乡村旅游发展的现状特征可归纳为以下六点。

一、起步晚，规模小，概念理解不一致

贵州乡村旅游起步较晚，大多由村镇、农户自发组织。这种开发形式缺乏统一的规划和管理，投资与经营规模小，再加之政府引导不够，所以未能形成旅游产业内部的专业化分工优势，更未催生出产业内部的技术扩散效应和溢出效应，规模经济效应不明显。在一个产业刚刚起步时，边际成本往往会呈现出一种递增的趋势，但随着产业发展的不断壮大和各利益相关方的广泛参与，必将形成大企业、大公司甚至大的旅游集团。产业和市场交往的中间环节少了，各种中间产品市场被劳动力市场所取代，从而促进就业，提高居民收入，扩大购买力，进而又促进分工，提高生产率，产生一个良性循环的发展过程。但由于乡村旅游在国内发展还不够成熟，部分学者将乡村旅游等同于农业旅游，有的甚至片面理解为农业观光旅游，这大大地降低了乡村旅游的丰富性，并严重阻碍了乡村旅游的发展。

二、开发模式单一，缺乏特色，重复建设多

目前贵州省乡村旅游的开发主要是休闲农业和观光农业。而乡村文化、民俗文化、徒步探险、健身康体等内涵丰富的旅游形式还未能引起重视，只是单一地依赖农业资源。这种单一的旅游形式使得贵州的乡村旅游文化内涵较低，不能充分体现其多样性和地域性，再加上重复建设，开发出来的旅游产品缺乏特色。

三、基础设施不健全、卫生条件较差，安全保障低

贵州经济发展相对缓慢，乡村旅游开发资金匮乏，其他产业对旅游业发展的财力渗透力不强，吃、住、行、游、购、娱等相关旅游设施不健全，有的景区电视信号较弱和通信条件较差。由于乡村旅游大多是在乡村开展，村民们的卫生观念落后，特别是饮水和厕所等卫生条件差，很多地区还存在着"人畜共饮、人畜同居"的现象。

四、乡村旅游人才短缺，综合素质普遍较低

由于贵州乡村旅游的开发处于较低层次，所以旅游专业人才较少。大多数乡村旅游的经营管理者和从业人员的素质不高，缺乏统一的专业培训，很多旅游景区的管理人员和从业人员都是由当地的农民担任。由于综合素质较低，在旅游服务过程中，他们不仅不能正确揣摩旅游者的心理，甚至还会与旅游者发生冲突，很多时候让游客乘兴而来败兴而归。

五、乡村旅游的快速发展与环境保护不同步

"旅游业是无烟产业，旅游业是投资少、见效快的产业"，这种理念必然导致人们忽视旅游业对资源与环境造成的破坏，忽视对资源与环境的保护。乡村旅游的快速发展带来了较大的污染源，加上景区保护措施不健全，区域环境问题日趋严重。

六、融资渠道狭窄，资金来源单一，未形成发展合力

目前，贵州在利用各种国内和国际援助方面做了一些工作，招商引资工作有了长足的进步。但是民间融资，银行贷款以及个人出资、政府扶持等模式的发展仍不完善。各产业之间的联动不够，没有充分利用优势产业的带动性、积聚性，无法优势互补。

第二章 乡村旅游的内涵与类型

第一节 乡村旅游的内涵

尽管乡村旅游是伴随着现代化发展中农业转型而生的一种农村发展形式,但是作为一种发展形式,它有着自身独特的发展规律,它是乡村发展与旅游活动的一种融合,而这种融合体现在它的内涵之中。

国内外学术界对乡村旅游的内涵研究表现出极为不同的视角,这些视角既可能与社会发展程度及其社会认知水平有关,也可能与研究者自身的认知结构背景有关。

从大多数国外学者的研究来看,乡村旅游的最终落脚点在于乡村的自身发展,而不是旅游。如达特认为,这是一种营运中农场的旅游或休憩事业;霍伊兰认为,它是营运中农场提供的短暂住宿或间接游憩设施;弗雷特认为,它是生产性农场经营的旅游事业,该事业对于农业生产具有增补作用;德诺伊认为,它是基于农场的生产、接待、娱乐设施而开展的观光或度假活动,旅游者可以在农场里尽情享受乡村生活。

从上面这些国际学者对乡村旅游的定义来看,他们多数都在强调乡村旅游是农业经营的一种形式,是以农业为主、旅游为辅的一种发展手段。在这些概念的表述中,农民(或农业)始终居于主体的地位,其隐含的意义则是这一旅游活动的收益获得者就是这些主体。

从多数国内学者的研究来看,乡村旅游的落脚点在于旅游的本身,而不是农业和乡村的发展。如杨旭认为,乡村旅游是以农业生物、农业经济、乡村社会等资源所构成的立体景观为对象的旅游活动;杜江认为，乡村旅游是以乡野农村的风光和活动为吸引物，以都市居民为目标市场，以满足旅游者多种需求为目的的一种旅游方式；肖佑兴认为，乡村旅游是以乡村空间环境为依托，以乡村独特的生产、民俗、生活、风光、居所与文化为对象，利用城乡差异来规划设计和组合产品，集观光、游览、娱乐、休闲、度假和购物为一体的一种旅游形式。

从上面介绍的这些国内学者的观点来看，他们基本上将乡村旅游作为一种新兴的旅游形式来看待，而不是将其看作农业发展的一种手段。由于他们关注的是旅游业本身，因此，在这些概念中，发展的主体是不明确的，它可能是当地农民，也可能是非农业的职业投资者，也可能是当地政府的相关机构，乡村旅游收益的最终去处是含糊不清的。

导致国内外学者定义的差别的关键在于从什么角度来看待乡村旅游，是从社会整体发展的角度，还是从旅游业自身发展的角度。显然，国际学者更多是属于前者，而国内学者更多是属于后者。

实际上，尽管乡村旅游是一种在乡村中进行的旅游活动，但它应该从属于农村的社会发展需要，这一活动的受益主体应该是当地的居民（农民）。此外，它与城市旅游（都市旅游）的区别在于，它具有广阔开放的空间、自然的环境、与传统生活方式和活动接触、相对简单的设施与条件、较小规模的经营活动、较突出的个人活动色彩的特点。Lane对乡村旅游概念做了更为全面的阐述，他指出乡村性是乡村旅游的中心，乡村旅游应具有这些基本特征：位于乡村地区；由小商家、开放空间、自然环境接触、古迹、传统社会与传统习俗组成；建筑物和环境均是小规模的；其发展与当地家庭有机关联，且考虑当地的长远利益，并体现综合性的乡村环境、地方经济和历史。

当然，从更加广泛的意义上来看，乡村旅游的概念不仅仅是在农村地区进行的旅游活动那么简单。正如英国旅游学者比尔·布拉姆维尔和博纳德·雷恩指出的，它是一种复杂的、多侧面的旅游活动，不同国家和地区乡村旅游的形式是不同的。它取决于具体地区的资源特征，如有些历史遗产位于乡村、有些主题公园建在乡村，这虽然与都市旅游的形式类似，但它们也是乡村旅游的一部分。

第二节　乡村旅游的类型与形式

由于乡村依托的具体自然特征与发展历史不同，不同的乡村旅游表现出一定的差异性。为了便于我们认识这些差异性，以及为后文要探讨的内容作参照，在这里我们将对乡村旅游类型做一些简单的介绍。

根据已有资料，可以将乡村旅游的基本类型大致分为两大类别：乡村民俗体验型和乡村景观体验型。乡村民俗体验型主要表现为旅游者体验乡村居民的生活方式或生产方式，如体验乡村食宿方式、乡村的庄园旅游、乡村的历史遗产观光、乡村的节庆旅游等；乡村景观体验型则主要表现为旅游者体验乡村自然景观所构成的休闲活动，而不一定与乡村居民的生活或生产发生必然的直接联系，如乡村自然景观的旅游、乡村的户外运动、乡村的休闲度假（养生旅游、含自驾车的露宿形式）等。前者的社会互动是双方交互的，而后者的社会互动是有所偏重的，是以旅游者为主的。

下面，我们分别介绍乡村旅游的集中类型与形式。

一、乡村生活的食宿体验

乡村生活的食宿体验是乡村民俗型旅游最常见的形式，它反映了紧张生活环境下的城市居民对乡村闲散生活方式的一种渴望。久居拥挤都市的人们，在紧张的时间安排下，工作与生活都处于快节奏中，整个人犹如上了发条的机器，而人们又很难驾驭和改变这种生活节奏，只能被动地为其左右。因此，人们渴望在广阔的大自然里享受一种舒缓放松的生活，哪怕只有一天。而乡村生活的食宿体验提供了满足这种需求的机会。

乡村农户的食宿体验，向城市居民提供了沉睡于自然环境中的安谧，提供了更加绿色的自然食品，提供了更加悠闲宽广的生活环境和空间。因而，乡村的食宿体验成了乡村旅游中体验乡村生活方式的最重要形式之一。欧洲发达国家早期的乡村旅游主要是乡村农户的食宿体验活动。不过，大多数欧洲国家的乡村食宿体验是分离的，即城市居民虽然在农户家住宿（有的提供简单的早餐服务），但餐饮体验却在乡村的餐馆里进行，其原因或许在于一般农户家庭无法满足旅游者相对奢侈的餐饮要求。欧洲发达国家的住宿体验形式主要有下面几种：有完全用于招待旅游者的独栋住宅（这种独栋住宅往往租借给停留一周以上的游客），也有农户将多余房间出租给旅游者，并提供早餐服务，还有纯粹的乡村客栈（即纯粹接待客人的乡村小酒店）。

我国的农家住宿体验最早是以农家乐的形式流行起来的，其往往是以一定形式的农业生产体验作为吸引城市居民的重要内容。例如，农民利用自家果园的采摘、经营鱼塘的垂钓、种植花卉的观赏等吸引旅游者前往。北京市乡村住宿体验的主要形式是民俗村和农家乐民俗接待户。与住宿体验对应的是餐饮体验，它是乡村旅游中民俗体验的又一种重要形式。参与餐饮体验不一定要在农户家住宿，而是专门为了一种特定的餐饮风味前往乡村去体验。它不是简单地品尝农家饭，而是去品尝乡村的一些特殊风味的饮食，这些饮食与农家餐饮的区别在于它们往往做工精细、讲究，价位也相对高一些。如北京的乡村旅游活动中，旅游者前往怀柔区的鱼沟去品尝"鱼宴"，前往密云区的百草园去品尝"鲜花宴"等。

除了食与宿的乡村民俗体验之外，生产活动体验也是乡村旅游中民俗体验的重要形式之一，它反映了都市人对传统生产和工艺的兴趣和反思，这里面既包含着对传统文化的理解，又有对现代生活的反思。所以，许多国家都将生产活动的体验作为乡村旅游的重要内容。由于各个地区的生活环境不同，因此他们的生产活动也具有不同的特点，不能一概而论。北京市乡村旅游的生产活动体验，更多地表现为采摘活动，各郊区县也举办了一些采摘节来促进乡村旅游的发展。随着现代农业园区的发展，以现代化科技与管理手段来生产农业产品成为农业生产的重要手段，所以对现代农业科技园区的观光也是北京乡村旅游中生产活动体验的一种重要形式。

二、乡村的庄园旅游

庄园旅游是乡村民俗体验型旅游的一种特殊形式，它不同于乡村旅游中农家乐的食宿旅游，后者主要体现为旅游者一般只是借住在农户家中，体验食和住。而乡村的庄园旅游，则是对该庄园各项活动的综合体验（其中也包括食住），特别是以一些具有突出特色的传统生产活动来吸引旅游者前来体验。所以说，乡村民俗的食宿体验主要表现为乡村的生活体验，而庄园旅游则侧重于乡村的生产活动体验。在这之中，葡萄酒庄园旅游应该是最具典型性特征的庄园旅游形式。

庄园旅游也不同于乡村的遗产类景点的旅游。尽管开展庄园旅游活动的这些农庄可能已经有了悠久的发展历史，如法国西部著名的葡萄酒产地波尔多地区拥有700多年历史的拉图葡萄酒庄园，法国中部科尔多省勃艮第地区著名葡萄酒庄园——罗曼尼·康帝酒庄也已经有800多年的历史。但它们并不属于传统的遗产类景点，因为它们至今仍然从事着农业生产活动。

庄园旅游得以发展的主要原因在于这些庄园一些特色农产品的生产，以及这些产品独特而又神秘的生产过程，如葡萄酒的酿造与贮藏、从自然植物提取的香薰产品，等等。这些产品在日常生活中是一种生活品质的象征，带有某种神秘的色彩，因此它们的生产过程就更加具有吸引人的魅力。城市居民通过这种庄园旅游来了解这些产品的生产流程，从而获得较多的相关知识和较大的认知满足感。因此，葡萄酒旅游等相关的庄园旅游已经成了发达国家一种休闲度假的潮流。

目前，这种乡村旅游方式在中国刚刚起步。近年来葡萄酒庄园旅游在中国迅速发展，各个葡萄酒产区的酿酒企业都相继开拓了葡萄酒旅游的市场，建立了一些葡萄酒庄园以及附属的葡萄酒博物馆。烟台张裕公司是我国最早开展葡萄酒庄园旅游以及建立葡萄酒文化博物馆的厂商，它的成功使得中粮、龙徽等企业也随后根据自身的特点分别建立了酒庄以及附属的葡萄酒博物馆，开展了各式各样的葡萄酒旅游活动。

除了葡萄酒庄园以外，生产花草香精的香薰庄园也同样具有悠久的历史。在世界香水生产大国法国，花卉种植产业从18世纪开始就已经成了法国南部的重要产业并延续至今。最早的香水生产原料均是天然原料，如花类（玫瑰花、茉莉花）、水果类（柠檬、柑橘）、球茎类植物（晚香玉）等。天然原料的提纯成本很高，像600千克的茉莉花只能提纯1千克的茉莉花精。20世纪初化学工业发展以后，虽然人们开始使用化学合成的方法来生产较为廉价的香薰产品，使得香水这类昂贵的奢侈品进入大众生活领域，但对于早期天然原料提纯的原始生产工艺及其产品的好奇，成了人们前往探源的动力，人们更愿意从对这些产品的历史沿革的探索中获得认知上的满足。

北京乡村的庄园旅游近年来有了更多发展。比较知名的葡萄酒庄园有密云区的爱斐堡葡萄酒庄园、玉龙东方红酒庄园，大兴区的科育葡萄酒庄园、金沙葡萄酒庄园、玛莱特红酒庄园等；比较知名的花草种植庄园有密云区的紫海香堤香草艺术庄园、通州区的布拉格农场、朝阳区金盏乡的蓝调庄园等。

三、乡村的历史遗产旅游

乡村的历史遗产旅游也是乡村民俗体验型旅游的一种常见形式，但与食宿体验不同的是，乡村的食宿体验是对乡村民俗现实状态的体验，而乡村历史遗产旅游则是对乡村民俗形成根源的回顾与体验。

乡村历史遗产分为两种不同类型：一种是位于乡村的国家级著名历史遗产，它们的特殊功能决定了它们的地理位置是远离都市的，如我国长城遗址、古人类遗址、美国国内南北战争的战场遗址等；另一种是特有区域的乡村原有历史传统文化所构成的一些特有的村落文化，如我国江南的历史传统文化村落、荷兰的风车村和木鞋文化等。

第一种类型是更大范围（如国家范围）的历史遗产，虽然它位于乡村，但其体现出来的并不是该区域的乡村历史民俗，而是更大区域范围内居民的生活写照，如长城是防御外族入侵的历史遗迹，而并不是北京地区乡村居民特有的生活民俗遗迹。所以，这一类历史遗产是人类历史生存风貌的一部分，关于它的旅游是一种特殊的乡村历史遗产旅游形式。这类历史遗产对当地乡村旅游发展的促进作用大小取决于这些历史遗产的历史价值和影响力，实际上与当地乡村居民民俗的关联性不强。

第二种类型的历史遗产旅游则是乡村历史遗产旅游的典型形式——历史村落旅游。根据历史研究的历史时期界定，这些历史村落分为古代史、近代史、现代史等不同的类别，它们的历史价值则由其历史时间价值来决定。当然，除了历史年份的时间价值以外，也与这些村落在人类发展历史中曾经产生过的作用相关，如出现过对该区域（甚至范围更广的区域）历史进程中的经济、文化、科学、技术、军事等产生重要影响的事件和人物，便增加了这些历史村落的价值和旅游吸引力。

四、乡村的节庆旅游

乡村节庆旅游是乡村民俗体验型旅游的一种特殊形式。所谓节庆旅游，一是要有节日与庆典，二是会发生旅游行为。所以节庆旅游是根据某一特定的主题而进行的一种群体性的社会互动活动，它与当地的民俗生活有关，并且往往会吸引对此类特定主题感兴趣的人们前往聚集。

节庆旅游分为城市节庆旅游和乡村节庆旅游两种类型。乡村节庆旅游与城市节庆旅游的最大区别，就在于特定地点的空间范围不同和风俗表现方式的不同。城市节庆旅游由于发生的空间地域范围较大、现代生活方式的多样化，因此城市节庆旅游的表现形式往往与城市人的现代生活方式相联系，可能是总体的狂欢节，也可能是单一主题的音乐节、电影节、戏剧节、美食节、啤酒节等。而乡村的节庆旅游由于发生的空间地域范围相对狭小，生活方式相对简单，因此乡村的节庆旅游必然要与乡村当地的传统民俗生活相关。这种民俗可能来源于当地某种生产活动，也可能来源于当地的某种生活方式。例如，澳大利亚的乡村伐木节、西班牙的西红柿节,是当地生产活动的体现;而西班牙的乡村奔牛节、芬兰的乡村背老婆奔跑大赛、我国傣族的泼水节等,则是当地生活方式的体现。

可见,乡村的节庆旅游是由当地民俗民风形成特定主题(这种主题可能是物质的、也可能是精神娱乐的),在固定的时间和地点周期发生的积聚性的群体互动行为(可能是文化娱乐性的、可能是观赏性的,也可能是生活或生产体验性的)。它以不同于旅游者自身文化的强烈特点,吸引了外来(异文化)旅游者的参与。

节庆旅游的发展成熟程度可以根据活动主客体的参与程度的不同分为三种类型:即解说—观赏型(初级阶段)、表演—参与型(中级阶段)、陶醉—感染型(高级阶段)。在初级阶段,旅游者只是被动地接受活动主办者的解说信息;在中级阶段,旅游者被主办者的活动所吸引而参与相应的活动,但较多地受到主办者表演的引导;在高级阶段,主办者完全陶醉于自己的活动之中,而旅游者则深受其感染,也全身心地投入活动之中,此时主客体融为一体,使主客双方都获得了精神的愉悦和满足。

五、乡村的自然景色观光

乡村的自然景色观光属于乡村景观体验型旅游。这种旅游方式与乡村民俗体验型旅游的最大不同就在于旅游者以自身为主体,并不一定需要与当地居民进行深入的互动,旅游者的旅游活动主要针对的是自然景观的独特性,而不是当地的民风民俗。

乡村旅游的自然景观是由当地的自然环境所造就的,由于不同地区自然环境的差异性,它们的自然景观也就呈现不同的特点。我国民间流传着游山玩水的说法,它比较突出地反映了乡村自然景观旅游的两大主要特点:山景旅游和水景旅游。

中国人关注山水,源于原始的信仰。尽管现代科学已经打破了这种神秘的崇拜,但是人类社会历史发展的教训,使我们逐渐懂得了人类生存不是要控制和支配自然，而是要适应自然，符合自然发展的要求。只有"天人合一"，才能够表达出人生价值的最高境界。正是这种对自然的重新认知，身心俱疲的人们在纷繁快速的生活节奏中才渴望自然的回归，渴求内心的宁静，乡村自然风光便为都市人们所向往。

北京的自然景观虽然比不上一些省区风采多姿，但也有许多不错的景点，如密云云蒙山、延庆龙门涧、房山的十渡和大溶洞、平谷大峡谷、门头沟妙峰山等。这些地方都成了北京市居民乡村旅游自然观光的首选区域。

六、乡村的户外运动

乡村的户外运动是乡村景观体验型旅游的重要组成部分。由于许多户外运动都需要较充分的自然环境条件和较宽广的空间与场地，因此户外运动往往与乡村相联系。乡村的户外运动类型很多，下面是几种与乡村旅游相关的类型。

（一）高尔夫运动

高尔夫运动是一项在国际上比较流行的乡村户外运动，它是一种集自然漫步、享受阳光和原野清新空气、自我挑战于一身的乡村旅游形式。据说它起源于一名苏格兰牧羊人偶然用牧羊棍的把手将一颗圆石子击入兔子洞中而得到启发，从此出现了高尔夫这种户外运动。有关研究考证，高尔夫一词最早出现在苏格兰政府的一项禁令之中。15世纪的苏格兰盛行高尔夫运动，以至于许多年轻人宁可放弃苏格兰的"国术"——射箭，而转向高尔夫运动。于是苏格兰王室于1457年3月颁布了一项"完全停止并且取缔高尔夫球"的法令，原因是这项消遣性极强的运动，妨碍了苏格兰青年演练苏格兰"国术"。但是，高尔夫球运动的魅力最终还是战胜了政府的法令，最后连制定此项法规的苏格兰国王詹姆士四世也成了高尔夫球场上狂热的常客。在高尔夫球运动兴起的苏格兰圣安德鲁斯，有自然形成的高尔夫球场所需要的障碍物：海风吹成的沙洼，生长着楠属植物的沙丘，蜿蜒曲折的溪流，还伴着阵阵吹来的海风。对于苏格兰人来说，真正的高尔夫球场就应在这沙丘之间，大自然则是这种球场的最佳"建筑师"。1754年，圣安德鲁斯正式成立了"圣安德鲁斯皇家古典高尔夫俱乐部"，该俱乐部由22个贵族和绅士建立。他们制定了13条基本的高尔夫球规则，这些规则被世界成千上万的高尔夫球场沿用至今。

实际上，古代中国和古罗马都曾流行过类似高尔夫球的以杆击球的游戏。公元前二三百年时，中国就有一种被形象地称为"捶丸"的游戏，而公元前27年至公元395年的古罗马也有一种以木杆击打羽毛充塞制成的球的游戏。

如今的高尔夫运动是在20世纪80年代改革开放以后被正式引进我国的。1985年，中国高尔夫球协会成立，2019年我国营业中的高尔夫设施共752家，共10232个球洞，我国高尔夫球爱好者大约40万人。不过，我国高尔夫球场基本都是以会员制模式来经营，占全国高尔夫设施总量的92.8%，而非会员制球场仅占7.2%，其中市政公共球场只有3家。

（二）滑雪运动

滑雪也是乡村户外运动的一种非常有特色的形式，由于滑雪能够使人们产生一种征服大自然的强烈成就感，因此深受旅游者的喜爱。传统的滑雪运动具有明显的季节性。虽然由于现代科技的应用，出现了室内滑雪场，使得一年四季滑雪成了可能，但这与自然滑雪场的感受是完全不同的。

滑雪最早起源于寒冷多雪的北欧国家。北欧国家的居民为了适应雪天恶劣的自然条件而发明了雪上交通工具，如雪板、雪橇、雪鞋等。英文"ski"一词就源于古挪威语"Skith"，意为"雪鞋"，实际上是指形如窄木舟的滑雪板。13世纪，滑雪已经成了挪威的国技。1780年，挪威人努尔哈姆利用软条制作了两侧内弯的滑雪板，成了现代竞技滑雪板的雏形。1877年，挪威奥斯陆成立了世界上第一家滑雪俱乐部。1896年奥地利人扎斯基发明了一种将一双雪橇以某种倾斜角度推入雪坡来控制速度的方法，后来同是奥地利人的施耐德又在扎斯基方法的基础上，发展出一套全新的转弯和刹车的技巧。此后，滑雪运动日益流行起来。20世纪60年代以后，滑雪已经成了欧美国家最受欢迎的度假形式之一。

(三) 滑翔伞运动

滑翔伞（paraglider）是一项起源于20世纪70年代末欧洲的户外运动。由于滑翔伞运动给人带来的冒险刺激和自由翱翔的感觉，自它产生以后，就深受广大乡村户外运动爱好者的喜爱。

滑翔伞起源于1978年。当时，一位居住在阿尔卑斯山麓沙木尼的法国登山者贝登，用一顶高空方块伞从山腰起飞，成功地飞到了山脚下。于是大家竞相效仿，随后发展成了一项新的户外冒险运动。不过在1984年以前，这项运动只在少数喜欢冒险的登山者中流行。1984年，来自法国的罗格·费龙从阿尔卑斯山的最高峰——勃朗峰上飞下来以后，滑翔伞运动一时名声大噪，并迅速在世界各地流行开来。

滑翔伞的英文词意，是降落伞与滑翔翼的结合，也就是说它是有着降落伞外形的滑翔翼。最初的滑翔伞借鉴了飞机跳伞使用的翼型方伞，它以下降为主，滑翔性能差，下降速度快，安全性能较差。经过技术上的不断改进与完善，现在的滑翔伞已经成为一种完整独立的、呈月牙形的航空飞行器了，它在速度、爬升能力及滑翔能力等方面都有了很大的提升。

滑翔伞属于无动力飞行，要由势能来换取动能，然后再去寻找上升气流做长时间飞行，因而它的活动一般只能在山区进行。由于滑翔伞运动简单易学，不需要太多的体力，它不仅可以让人挑战自然，锻炼参与者的意志和品质，实现自我，而且趣味性强，安全可靠，回味无穷，因此它在世界上得到了广泛的普及。仅在欧洲，滑翔伞飞行者已经达到300多万人。

20世纪80年代末这项户外运动被传入我国。目前，我国正式注册的选手有800多人，滑翔伞运动俱乐部有50多家。这项户外运动不受年龄和体力的限制，只要没有心脏病、高血压、恐高症，发育良好，思维正常，都可以参与。在国外，这项运动从60岁的老人到10岁的儿童都有参与。甚至有报道称，国外80岁高龄的老人还玩这项运动。

（四）漂流运动

漂流运动是又一项冒险爱好者的乡村户外运动形式，它曾是一种人类原始的涉水方式，据说起源于爱斯基摩人的皮船和中国的竹木筏。而它真正成为户外运动则是人们享受现代化发展的物质成果以后，休闲时间富余，在追求健康生活方式的理念指引下，逐渐演变成今天这种水上的户外运动。

最初的现代漂流运动据说源自"二战"结束的美国。一些喜欢户外活动的人尝试着把美军退役的充气橡皮艇作为漂流工具，买来自娱自乐。随后经济的复苏与增长导致了户外活动有了较大市场，这些人便着手改进橡皮艇的规格，完善各种装备，经营起商业性的漂流旅游活动，从而成了美国第一代商业漂流的经营者。美国政府的相关职能部门也制定了一些相应的商业性漂流的管理条例，如经营河道的许可、船具装备的安全、桨手资格的取得、安全救护的保障、漂流河段难度等级的划分，以及环境的保护等。

漂流是一项惊险刺激的水上运动。一条蜿蜒向前的河流，延伸于高山峡谷之中，参与者乘坐橡皮艇顺流俯冲而下，两岸的花红草绿一闪而过，加上橡皮艇在激流中溅起的朵朵浪花，使参与者融入充满刺激和惊险的自然环境之中，这种自然户外运动的独特感受完全有别于都市的蜗居生活。漂流分为探险漂流、自然漂流和操控漂流。我们通常所说的休闲娱乐型的漂流活动是指最后一种。前两种漂流都属于自然漂流，带有探险的性质，并不是大众娱乐的休闲方式。

在我国，漂流运动的起步较晚，大多数的水上漂流活动仅仅停留在小范围的对自然河段的利用上，而真正开发出来的商业性河流资源还比较少。

（五）登山运动

登山运动是一项历史悠久的最常见的户外运动。现代登山运动起源于 1786 年，之后在 1850 至 1865 年的 15 年间，阿尔卑斯山区的登山运动发展极为迅猛。1857 年世界上第一个国家性质的登山组织——英国登山俱乐部宣告成立。这一时期，阿尔卑斯山的第二高峰杜富尔峰（4638 米）和埃克兰风峰（4103 米）、芬斯特拉尔霍恩峰（4275 米）等 20 多座海拔 4000 米以上的山峰先后被征服。1865 年 7 月，英国登山运动员文培尔等人，又登上了当时被人们认为无法登顶的玛达布隆峰（海拔 4505 米，岩壁陡峭，平均坡度 65 度，有的地方达 90 度），至此以阿尔卑斯山为中心的登山运动达到顶峰，出现了"阿尔卑斯黄金时代"。

登山作为乡村旅游中户外运动的一种形式，由于配备的技术性设备较少，每个人可以根据自己的登山目的而加以选择，因此被不同年龄的旅游者所喜爱。此外，登高的保健作用是使肺通气量、肺活量增加，血液循环增强，脑血流量增加，尿液酸度上升，所以登山被称为"心血管体操"。

（六）野外生存体验运动

野外生存体验是现代户外运动流行的一种新的形式。它是指在自然地域（山川湖海）通过模拟探险活动进行的情景式心理训练，是一种挑战生理、智力、技能极限的生存游戏活动。只有掌握丰富的野外生存知识，接受肉体与精神的磨炼，挖掘自身的胆略与潜能，才能战胜各种艰难险阻，走出困境。

野外生存体验，也称为野外生存训练，起源于第二次世界大战期间。当时盟军的大西洋舰队屡遭德国纳粹潜艇的突袭，损失惨重，大多数水手都葬身海底，只有极少数人得以生还。更令人惊奇的是，这些生还者并不是人们所想象的那些年轻力壮的水手，而是一些年龄较大、经验丰富的老兵。为此，一家英国船运公司的老板向当时一位知名教育家博士请教，希望他能发现帮助年轻水手提高生存能力的方法。博士经过分析研究发现，具备坚强的意志、良好的团队精神、丰富的海上求生技能等素质是那些老兵生存下来的优势。于是，他于1941年在英国威尔士成立了一所帮助年轻水手提高生存能力的"海上生存训练学校"。"二战"结束后，其成功培训理念被逐渐推广开来，训练对象由最初的海员扩大到军人、学生、工商业人员等各类群体。训练目标也由单纯的体能、生存训练扩展到心理训练、人格训练、管理训练等。近些年来，其发展成为一种生存体验的游戏活动，西方国家的电视台甚至将这种生存体验制作成一种真人秀娱乐节目向大众播放。

(七) 马术运动

马术运动是一项历史悠久的户外运动，它源于人类的生产劳动过程。早在公元前680年的古希腊奥运会上，就设有马车比赛的活动。中国的马术历史同样悠久，它兴于周代，盛于唐代。早在2000多年前的汉代，中国就有了马球运动，到了唐代马球更是盛行，连皇帝也参与其中，还出现了舞马的表演。明代的北京地区，每到春季都要进行走马和骑射活动。进入清代以后，赛马活动更是非常盛行。尤其在乾隆年间，北京修建了很多赛马场，并在各种民俗节日里举行赛马活动，上至王公贵族下至一般旗兵都热衷于这项活动。

现代马术运动始于英国，12世纪英国伦敦出现了赛马的场地，16世纪传入欧洲其他地区。它不同于肆意驰骋在草原上的骑马活动，而是要在赛马的速度竞技中，体现出一种有序的章法，一种高贵的气质。在欧洲，马术是公认的第一贵族运动，参与运动者一般从小就会培养骑乘术，成为马会的会员更是高贵身份的象征。西方人甚至认为，马是最具贵族气质的生灵，它具有潇洒的外表、宁静的内心和勇于拼搏的精神，所以，爱马的人必然也具备这样的素质，在马术运动中浸润久了，举手投足都能够散发出那种由内及外的高贵气质。

我国的现代赛马活动，始于19世纪60年代，当时参加这项活动的主要是在华的西方人。直到20世纪30年代，上海设立了2个跑马厅，天津设立了3个跑马场，全国的赛马场逐步发展到20多个，其中上海的跑马厅曾一度成为亚洲最大的赛马场。新中国成立后，这项运动被视为西方腐朽的生活方式而被禁止，马术仅仅作为一种职业体育赛事而存在。20世纪80年代以后，马术运动被重新引入我国。1991年4月，新中国第一个赛马俱乐部在深圳诞生。1992年4月26日，在广州市郊黄村举行了"金马杯中国马王广东邀请赛"。此后，全国各地的赛马活动开始升温。

七、乡村的休闲度假

乡村休闲度假是乡村旅游的一种典型形式，也属于乡村自然景观体验型旅游。虽然乡村休闲度假表面上与民俗体验型的旅游形式类似，旅游者可能居住在乡村酒店甚至居住在农户家中，但是旅游者并不是以体验农户的生活或生产方式为目的。他们只是寻求一种与城市生活不同的自然环境，他们希望通过这种方式来获得宁静与放松，因而他们更多关注的是休闲度假过程中的乡村自然环境的特质，而不是当地居民的民俗与文化。他们可能无所事事地在海边享受几个小时的日光浴，或者在茂密的树林里慢慢地徜徉，而不是关注当地居民在做什么。旅游者到乡间的唯一目的是放松自己，他的体验是随机获取的、无意识的。休闲度假的伙伴一般只是亲人和朋友。

（一）乡村的养生度假

它也可以被称为乡村的保健旅游。最典型的乡村养生旅游就是温泉旅游，简称为SPA旅游。SPA最早出现于1610年，意指"经由水而痊愈"。根据有关资料考证，SPA的发源地是现今比利时东部烈日市阿德雷丝森林中一个被叫作"SPAU"的小镇。该镇有一个温泉，经常使用泉水泡浴，人就会变得心情舒畅，还能消除很多疾病。使用温泉水洗脸，能消除色斑，增加皮肤弹性与光泽，使皮肤变得又白又嫩。小镇温泉水的这种功效，使其顿时变成了"天使的故乡"，人们千里迢迢慕名而至，以期获得美丽和治疗身上的疾患，甚至吸引了俄国的彼得大帝携后妃前来洗浴。人们将这种水疗环境和方法以这个小镇名字来命名，

SPA 的称谓便由此而来。直到近代，科学家们才揭开了这个小镇温泉的秘密：它的水中所含有的丰富的精油成分是由当地山上成千上万种花卉草本在水源上层浸积而形成的。

我国也有着悠久的温泉历史文化，如秦始皇时期的"骊山汤"。而唐朝更是将温泉文化发展到鼎盛时期，每一位皇帝和妃嫔都酷爱温泉，醉心于温泉的养生取乐。明代著名神医李时珍在《本草纲目》中指出："温泉主治诸风温、盘骨挛缩及肌皮顽痹，手足不遂。"温泉水经过地下岩层的过滤，水分子团小，渗透性强，浸浴于39℃左右的温泉水中是一种滋养补水的好方法，还可以增进全身的血液循环，促进全身毛细血管舒张，促进新陈代谢，放松神经，缓解疲劳，愉悦身心。

目前，国际上流行的 SPA 可分为 6 种形式：度假式 SPA、功能式 SPA、俱乐部式 SPA、酒店式 SPA、日常式 SPA、家居式 SPA。其中，乡村的 SPA 旅游属于度假式 SPA，这种形式在国际上极为流行。

此外，利用森林氧吧的森林浴旅游、利用泥土里含有特殊矿物元素的泥浴旅游等，也都属于乡村的养生度假形式。这些旅游的共同特点就是利用乡村的某种具有特殊保健功能的自然物质或环境，来达到自然养生、强身健体的目的。

（二）乡间的野营露宿

它也是乡村休闲度假的一种特殊形式，是现代人回归自然的一种休闲度假方式。近代露营运动兴起于 1860 年的美国，是为了促进青少年的全面发展而组织的活动。1910 年，美国成立了"美国露营地管理者协会"，后更名为"美国露营协会"。1913 年，福特汽车公司的汽车生产流水线的产生，使得汽车开始进入普通人家庭。露营运动也开始逐步进入了一个崭新时期——汽车露营时代。1932 年，英国发起成立了"国际露营总会"，总部设在比利时首都布鲁塞尔，目前成员有 58 个。

露营度假是西方发达国家的一种非常流行的休闲度假方式。每年的七八月间，在欧美国家的高速公路上，随处可见前往露营地度假的房车驶过。而露营地的位置依山傍水，一般都选择在自然风景优美的地域。

营地里生活服务设施一应俱全,并有专业人士管理。前去度假的人们既可以居住在自己的房车之中,也可以居住在营地提供租用的小木屋里。人们往往在此度过自己的完整假期,来体会与大自然的交融。根据有关资料统计,欧洲不同等级的露营地大约有 26000 个,澳大利亚约有 3000 个,日本的露营地有 1500 个左右,韩国的露营地约有 500 个,美国大约 1/4 的劳动力、1/3 的时间、2/3 的收入、1/3 的土地面积都用于露营运动。2005 年,美国的露营人数高达 2900 万人,露营地年收入超过 200 亿美元。在仅有 500 万人口的丹麦,就拥有 500 个露营地,每年去丹麦露营地旅游的德国人达到 2100 万,年收入约合人民币 4800 万元。

第三节 乡村旅游不同类型的意义

乡村民俗体验型旅游的特点是外来的旅游者被农村的生活方式或生产方式所吸引,而农村的生活方式或生产方式的主体是务农的人,因此,这种旅游形式的社会互动必然会发生在旅游者与当地农户之间。尽管乡村的自然环境也对旅游者产生吸引作用,但乡村的自然环境与这个环境中的居民是融为一体的。正如 Patmore 所指出的,乡村本身不是休闲资源,而是介于城市和荒野山地的连续体,因而城市和乡村并没有严格的区别,乡村本身并没有什么特性使乡村成为旅游资源,而是由于生活在这个连续体中人们的文化特点而变得富有魅力。

乡村景观体验型旅游的特点则不同,乡村对于外来的旅游者的主要吸引力并不来自农村的生活方式或生产方式,而是来自乡村区域中特有的自然景观。旅游者决定逗留在这一区域的根本原因在于这些自然景观带给旅游者的独特感知,以及他们依赖这种自然环境所产生的特有的行为方式,如滑雪、漂流、野营露宿等。尽管这种旅游不可避免地会与当地居民和农村的生活方式发生一定的接触,但是这种接触所产生的社会互动行为并不是完全交互的,换句话来说,旅游者将当地居民的服务行为等同于自己在城市里享受的服务行为，不会产生城乡有别的独特文化感受，这与乡村民俗体验型旅游中旅游者完全关注乡村居民特有生活而形成的社会互动是完全不同的。所以我们认为，在这种旅游方式中，旅游者与当地居民的互动是偏倚的，旅游者的焦点在于自然景观的体验，而不是乡村民俗的体验。

正是由于这两种类别的乡村旅游的差异，使得它们对乡村旅游发展意义不同。乡村民俗体验型旅游的主客体是外来旅游者和当地的务农居民，乡村自然景观作为客体的附加值而存在。追求这种乡村旅游方式的旅游者更希望获得对乡村生活真实性的体验，他们更愿意享受乡村农户独特风格的服务接待，而不是经营企业的标准化的商业服务接待。因此这种乡村旅游的发展模式不能忽视当地居民的主体地位，他们原有的生活方式（民风民俗），他们赖以生存的手段（土地）和他们的利益获取方式（生产方式）都应该获得尊重，剥夺了这些或者改变了这些，就会导致原有的乡村生活方式和生产方式的改变，城市居民前来体验乡村民俗的基本意义就丧失了。正是因为这样，欧盟为了培育和促进乡村旅游发展而制订的"Leader"计划认为，乡村文化是乡村旅游最关键的内容。辨别一种旅游产品是否属于乡村旅游的关键在于该产品是否为游客提供了对乡村的自然和人文环境的亲密接触，并使游客参与到乡村本土的各种活动、传统和生活方式中去。

乡村自然景观体验型旅游的主客体则是外来旅游者和当地的自然景观，乡村务农的居民只作为客体的附加值而存在。主体在追求自然景观独特体验时可能会忽视当地居民的特有生活方式和文化，而追求与城市生活方式一致的生活享受。一些国外研究表明，有些类型的乡村旅游者受现代消费文化潮流的影响，只热衷于快餐式消费、追求快速体验，不愿探究消费对象背后的深刻寓意，他们对乡村生活方式和乡村文化并没有多大兴趣。所以，这种乡村旅游的发展模式为完全化的商业经营提供了可行性的基础。这种发展模式的经营主体可以是商业经营企业，也可以是当地农户自身，这取决于经营主体所应具备的一系列条件。不管采取哪种经营模式，其盈利都应该反哺当地的社会发展和当地的居民生活福利，否则，就有悖于乡村旅游发展的目的。

第四节　贵州乡村旅游的类型

由于乡村自然、经济、历史环境和区位条件的复杂多样，所以乡村旅游具有不同的类型。关于乡村旅游的类型划分，往往因划分的标准和乡村旅游发展阶段的限制而不尽相同。在贵州，民族村寨内的传统民居上挂着农家乐的招牌，事实上民族村寨里的旅游接待形式和城市周边农家乐的接待形式差别并不大，因此，应当主要以乡村旅游活动中的旅游吸引力作为乡村旅游类型划分的一个标准。乡村旅游的旅游吸引物种类繁多，内容不尽相同。乡村的自然风光、民居建筑、民俗风情、乡土文化艺术、传统劳作方式、形态各异的农用器具、乡土气息浓郁的农事、节庆活动、农产品加工（制作）工艺等等，都是乡村旅游可以挖掘利用的资源。但大体说来，乡村旅游的旅游吸引物有四类：

（1）具有特殊历史背景或特色文化传统保持良好的古村镇；

（2）具有悠久历史且民俗传统保持良好的民族村寨；

（3）出产优质特色农产品的农场、牧区；

（4）自然环境优美的乡野风光。

值得指出的是，这几种类型的旅游吸引物并非完全独立的，它们在形式上仍有交叉。比如，民族村寨和特色农产品就可以存于同一载体中。

而乡村旅游的活动内容大体有观光（自然和人文风光）、寻访、散步、爬山、游泳、划船、漂流、竞技、骑马、徒步、采摘、农事参与、品尝美食等。

一、以特色古村镇为吸引物的乡村旅游

20世纪90年代以来，古镇旅游在我国逐渐兴起。首先是江南古镇

周庄率先打出"中国第一水乡"的旗号,随后江浙一带的同里、乌镇、角直、南浔、西塘、诸葛八卦村等纷纷效仿,而江西的婺源、湖南的凤凰、云南的丽江、广西的西街、山西的平窑等更是不甘其后迅速发展,大有后来居上之势。华夏大地上掀起了一股寻访古村镇的热潮,福建客家人的土楼,开平侨乡的碉楼,开疆拓土的军事屯堡,贵州的隆里、镇远、天龙等先后进入人们的视野,随后一段段尘封的历史再次引发人们无限的怀古之情,乡村旅游盛况空前。

能够引发人们旅游兴趣的古村镇一般都有悠久的历史或独特的文化背景,它们大都曾经繁荣但一度被冷落,或因地处偏远,独立发展而不为外界所熟知,也更给这些古村镇增添了神秘的色彩。古村镇的历史、建筑、民风民情、特色产品、村镇韵味等都成了旅游者追逐和体味的目标。

古朴而骄傲是古村镇特有的韵味,居住在古村镇里的人们大多因村镇光荣的历史或曾经的繁荣自有一种淡定与从容之感,而这正是来自现代都市浮躁的人们所向往的朴实的从容。

体会了古村镇的韵味便抓住了以古村镇为吸引物的乡村旅游开发的基点。古井、古楼、古人、古事、古服、古具都是人们拨开时间迷雾,探寻光荣与悲壮历史的时空之门。

二、以民族民俗风情为吸引物的乡村旅游

民俗风情是指不同地域不同民族在特定的自然、社会环境下,在长期的生产、生活和社会活动中所表现出来的风俗习惯。中国人口众多,历史悠久,56个民族丰富的民俗习惯,密切地伴随着历史的发展而生存、发展、演变,反映了各个历史时期的社会生活、文化创造和人们的精神风貌。各民族在语言、居住、生活方式、生活习惯、社会风尚、文学艺术、岁时节会、宗教信仰、婚丧嫁娶、服饰饮食、待客礼仪、文娱体育等方面,表现出明显的差异,形成自己特有的风貌。民族风情全面地反映了一个民族的历史和现实生活,体现了一个民族的理想和感情,

是一个民族文化传统的真实表露。它是创造于民间、具有世代相习的传承性事象（包括思想和行为），是劳动人民创造、传承的物质文明和精神文明的积累。

民俗风情旅游是我国旅游产品的重要组成部分。我国地域辽阔，民族众多。在漫长的历史发展进程中，由于各民族、各地域人民的不同境遇，各民族心理不同的成长轨迹，使不同民族、不同地域形成了丰富多彩、各具特色的民俗风情。它深深地扎根于人民生活的土壤之中，具有广泛而深厚的群众基础，为本地居民所喜闻乐见和忠实信奉，而对异地、异民族的人们具有新鲜感和吸引力。所以，人们越来越希望通过旅游走进不同地区不同民族中去，实地体验另一种生活方式，感受另一种风情，通过观赏和参与异族民俗风情活动，扩大眼界，增长知识，开阔胸怀。因此，民族民俗风情有很强的旅游吸引力，是人文旅游资源的重要组成部分。民族民俗风情旅游资源就是指那些能够吸引旅游者前往观光游览，并产生社会经济效益的民族民俗风情资源。民族民俗风情是人类在长期的社会生活中形成的内容广泛、形式多样的行为规范，是长期相沿积久逐渐形成的社会生活方式、风尚习俗等，是社会文化传承中约定俗成的习惯性现象，带有很强的社会性。中华民族历史悠久，民族风情源远流长，其产生、存在和发展变化，都与历史环境相联系。如贵州少数民族舞蹈，产生于汉代，宋代已相当有名；苗、布依、水、仡佬、瑶等民族的传统手工艺品——蜡染，也有上千年的历史。由于自然环境复杂多样，我国农业资源的多样性十分突出，也使农业文化呈现出多样性。在不同的民俗区域内，人们的生产方式、服饰行为、饮食习惯、居住环境、婚丧寿诞、节庆游艺活动更是异彩纷呈，令人目不暇接。由此可见，民俗文化旅游就是那些能够吸引旅游者，具有一定的旅游功能和旅游价值的民族物质制度和精神习俗的旅游活动。

民俗旅游以特定地域或特定民族的传统风俗为资源基础，再经过规划和开发，属于高档次的文化旅游范畴。民情风俗具有质朴的民间性、鲜明的民族性和地方性、文化背景的可靠性、情趣的乐观性、时空的混融性及通过实物（景点）和活动（项目）动态展示的特点。民俗风情旅游因地理环境和人们生存方式的不同，可以划分为"水乡民俗游""山村民俗游""渔村民俗游"等多种类型。

民俗风情旅游主要以传统的民族习俗为旅游对象，包括民族节日、民族服饰、民族礼仪、民族婚俗、民族生活习惯等。如在黔东南州巴拉河流域的朗德上寨，是文化和旅游部授予的"中国民间艺术之乡"，同时又是"露天民族民俗博物馆"和全国重点文物保护单位。旅游者在这里可以从建筑、饮食、服饰、节日、生产、娱乐、礼仪、道德、信仰等方面了解苗族文化。

民族民俗风情内容十分丰富，它包含饮食习惯、服饰装束、婚恋嫁娶、礼仪民俗、岁时节令、宗教信仰、丧葬习俗、禁忌喜尚、居住习俗、游艺竞技、民间工艺、生产民俗、社会风尚、文学艺术等。例如，工艺品方面有刺绣、陶瓷、漆器、织染、雕塑、文化用品、珍珠宝石、编织品等。居住民俗方面，如过去蒙古族牧民长期游牧于大草原上，他们所居住的蒙古毡包，以木杆为骨架，罩以羊毛毡顶，周围也是毛毡围墙，根据气候和牧场的变换随时搬迁，有明显的地域特色；维吾尔族传统民居以土坯建筑为主，多为带地下室的单层或双层拱式平顶，用土坯块砌成晾制葡萄干的镂空花墙的晾房。后院是饲养牲畜和积肥的场地，前院为生活起居的主要空间，院中引进渠水，栽植葡萄和杏等果木；壮族传统的高架式楼房，多用木桩或竹桩做成底架，离地面很高。在底架上建筑房屋，楼上住人，楼下畜养牲畜、堆放杂物；白族的楼房，以坐西朝东为正向，多为三间，布局均为"三坊一照壁""四合五天井"，有院落，居室和厨房、畜圈分开。人住楼下，中间一间为堂屋，接待客人；傣族竹楼由十根柱子支撑，铺以楼板、竹篾，用编织的草排盖顶，带有栏杆、走廊，美观别致。

民俗风情旅游是不同民族间以及不同国家间文化交流的一项重要内容，对游客有着极强的吸引力，可以产生巨大的社会、经济和环境效益。只要深入挖掘，突出特色，合理定位，按照市场规律办事，就能开发出具有震撼力的乡村旅游产品,使乡村旅游更好地为地方经济、社会发展服务。譬如,河北滦平金山岭长城1999年名列世界遗产后,由不为人知到声名远扬,当地乡村旅游迅速发展,经济效益和社会效益都十分明显。当地村民过去连吃饭都成问题,现在人均年收入大大提高,生产、生活环境也得到一定改善。

三、以特色农产品为吸引物的乡村旅游

(一)农业旅游

观光农业是近年来发展起来的农业与服务业相结合的一种新型农业经营模式。观光休闲农业利用田园景观、自然环境、生态资源,结合农林渔牧生产、农业经营活动、农村文化及农家生活,以增进游客对农村的体验为目的,提供观光休闲经营活动,具有教育、经济、休憩、医疗、文化和环保功能。它可使人们认识农业与了解农产品生产加工过程,改善农业产销结构,增加农民收益。

观光农业是以农业为基础发展起来的。我国是古老的农业大国,悠久的农业历史孕育了丰富的农耕文化,农业资源异常丰富,农业景观新奇多样,具有发展观光农业的坚实基础。世界各国观光农业发展的成功经验也促进了我国观光农业的迅速发展。在20世纪80年代后期,改革开放较早的深圳首先开办了荔枝节,主要目的是招商引资,随后又开办了采摘园,取得了较好的效益。于是,各地纷纷仿效,开办了各具特色的观光农业项目。

观光农业旅游是以农业资源为基础,以田园风貌为背景,通过规划和开发,向游客展示农业生产管理、农产品加工等内容,吸引游客参与,使其体验现代农业生产技艺的一种新型旅游方式,具有观赏、休闲、度假、体验、教育、购物等多种功能。观光农业旅游使游客通过参与农业生产活动,体验农业生产的乐趣,了解与农业生产相关的历史、经济、科学、民俗等文化内涵,同时可购买特色农产品,满足人们的物质需要。例如,安排游客参加采茶、制茶等一系列活动,从中学习茶叶

的分类、茶叶的品质、茶叶的历史、茶艺等知识；安排游客到果园采摘水果，能使其近距离接触大自然，分享农家丰收的喜悦。此外，经营者还可根据自身的资源情况及旅游者的年龄、职业、爱好等因素，开展其他的农事活动，比如种菜、挖笋、采菱、捕鱼等，让游客体验农家生活。

观光农业一般位于地域辽阔、人口密度小的乡间地区，土地利用类型以农业和林业用地为主，建筑物占地面积相对较小，具有开阔田园的乡村景观特点。不论采用的是传统型还是现代型农业生产方式，观光农业的经济活动都以农业及林业生产为主，有较强的季节性。观光农业通过农旅结合的新模式，实现农业增值，开辟出一条农业与旅游业完美结合的效益型农业发展之路。观光农业充分开发具有观光、旅游价值的农业资源和农业产品，把农业生产、科技应用、工艺品加工和游客参加农事活动等融为一体，使游客能够充分领略大自然的浓厚意趣和现代化的新兴农业艺术。观光农业除了提供采摘、销售、观赏、垂钓、游乐等活动外，还包括乡村文物、民俗古迹等多种文化资源的参观，通过寓教于乐的形式，使参与者更加珍惜农村的自然文化资源，增强保护自然、保护文化遗产、保护环境的自觉性。这对缓解农业对环境的污染，实现农业的可持续发展具有积极意义。

（二）农业新村旅游

农业新村一般地处经济发达的城市周边，农民生活比较富裕，自然环境好，有特色农作物、部分传统劳作及传统生活方式，与城市居民的生活还是有所不同的。而且这些乡村旅游目的地距离城市一般比较近，通过城市交通网（包括自驾车、公交车）半小时到一个小时车程就够了，因此往往是城市居民周末出游的最佳选择。农业新村一般采用开放式格局，游客可以直接开车到农户家喝茶、吃饭，进行娱乐活动和户外活动。

农业新村的操作方式一般是"政府＋农户"的组合，由政府在充分调研的基础上制定规划，依托当地自然、人文、区位等优势，整治环境、建设景观。并且请专家制定长期发展规划，对农业新村的旅游发展制定切合实际、方便实施的方案，增强基础设施建设和整体乡村氛围营造，改善交通条件。在政府的帮助指导下，农业新村建立起服务中心站，实施统一包装和对外促销的方案，形成一定的规模和品牌。

(三) 个体农庄和农业园区

旅游个体农庄是由农业个体户发展而来的，经营户通过对自己经营的苗木园、农场、果园、牧场、鱼塘等进行改造和建设，开发为旅游景区（点），使之具有了旅游接待和服务的功能，并实行企业化的管理，实行一体化的旅游接待服务。其主要活动为参观游览、体验田园风光等，也开展歌舞表演和娱乐活动。个体农庄的开发对劳动力有一定需求，出于成本考虑，多吸纳附近村民参与服务。由于淡旺季太过分明，不容易找到长期员工，绝大部分个体农庄都只吸纳亲朋好友或族内人做员工。

农业园区主要开发具有观光旅游价值的农业资源和农业产品，分为自然型、人工型和高科技型三种。园区通常集科研、教学、试验、示范、培训为一体，分设种植区（蔬菜及粮食作物）、果树园艺区、养殖区（畜禽、水产）。其将农业生产、科技应用和游客体验农事活动等融为一体，开展的活动有田园景观观赏、鲜果品尝、农作体验等活动，使游客实现休闲、观光、游乐、体验的目的。

四、以优美的乡野风光为旅游吸引物的乡村旅游

(一) 城市周边休闲观光带的"农家乐"

城市周边的"农家乐"，基本接待单位是农民家庭。它是利用离城镇近、交通便利的条件，以自然生态景观、乡村文化、现代农业文明为载体，以农民的生产生活为基础，"住农家院、吃农家饭、干农家活、学农家艺、享农家乐"，一种由观光旅游向休闲旅游过渡的新的旅游理念和旅游发展趋势。农家乐旅游提高了农民的生活水平，推动了农村经

济社会建设，促进了农业全面的发展。其主要分布在自然资源丰富，生态环境和人居环境优越，农业产业化特色明显，旅游景点和设施建设较好的乡镇。

农家乐的雏形出现于 20 世纪 80 年代末 90 年代初，一些大城市的居民利用节假日到周边农村的山中、水边游玩、野餐等，或到当地农民家大量购买新摘下的蔬菜、玉米和村里散养的鸡、鸭、鸡蛋等。这种旅游方式被称为"农家乐"。1986 年，浙江省杭州市富阳区率先在新沙岛、和尚庄、赤松村等地开发了"农家乐"旅游，吸引了几十个国外旅游团体和上万国内游客。1987 年 5 月，时任国务委员、国务院旅游协调小组长的谷牧同志专程前往富阳考察并题词："农家乐，旅游者也乐"。随后，"农家乐"从城市周边地带向乡村扩展，农家乐旅游受到了游客的普遍欢迎和市场的广泛认同。

农家乐旅游由于适应现阶段城镇居民的旅游消费需求，充分利用农家房屋等现有资源，具有投资小、回报快等特点。景点资源几乎是就地取材，稍加建设就能投入使用；餐饮资源自产自销，商业成本低；游客参与农事活动把劳作转化为娱乐而创收。因此农家乐旅游成本低，资源利用率高，边际效应大，一推出就取得了良好的经济效益和社会效益。

农家乐是集游览、餐饮、娱乐、购物、休闲为一体的旅游项目。旅游活动中除必备的餐饮、住宿、游览外，经营者还开放成熟的果园、菜园、茶园、花圃等，旅游者可品尝农产品（蔬菜瓜果、畜禽蛋奶、水产等），也可参与农业生产与生活活动（整地、播种、嫁接、采摘、垂钓、烧烤等），从中体验农民的生产劳动与农家生活，并获得相应的农业生产知识和乐趣。有的旅游点（如水库、湖泊等旅游地）为游客提供垂钓服务，并可就地加工，让游客品尝到自己的劳动成果，可起到陶冶情操、修身养性的作用；有的旅游地为游客提供烧烤野炊场所；有的为游客提供特色风味菜肴和餐饮等。

农家乐旅游一般是由县旅游部门主管，具备从业条件，符合法律法规要求，在土地利用、村镇建设、生态环保、旅游发展的总体规划指导下规划发展。依托景区、景点发展起来的"农家乐"一般采取"公司＋农户"或"公司＋社区＋农户"的操作方式。旅游公司通过吸纳社区农户参与到乡村旅游的开发中来，充分利用农户的闲置资产、富余劳动力、日常农事活动与节庆活动，不仅增加了农户的收入，丰富了旅游活动与旅游体验，向游客展示了当地的真实乡村生活，而且通过客源控制等手段对农户的接待服务进行规范，避免恶性竞争及不正当竞争，保障游客权益。旅游公司还可以通过村委会与农户合作，与其形成合作伙伴关系，通过村委会组织农户参与乡村旅游，并且接受旅游公司的接待服务专业培训。在这种操作方式中，一般由旅游公司负责规划、营销、宣传、对外联系、对村民培训；村委会则负责选拔农户、安排接待、定期检查、处理事故等，农户负责维持环境卫生和按规定接待。

（二）生态旅游

生态旅游是以自然环境为对象的综合型的旅游方式。良好的气候环境、茂密的植被等，都可以作为生态旅游的资源。生态旅游包括观光、度假、探险等类型，是多种资源、多种功能的旅游方式，能满足游客了解当地的文化环境与自然历史知识，欣赏和研究自然景观、野生生物及相关文化特征的需求，增强游客与自然的亲近感。游客通过观赏自然风光、文物古迹、民俗风情等，得到美的享受。自然风光基本上是由自然地理环境的各要素组成的，如乡村四周的山地、水体、动植物以及自然气候等。这些自然风光是天然存在的、具有观赏价值的、能使人产生美感的旅游吸引物。

生态旅游突出的特点是自然性，即以生态环境和自然资源为取向，以欣赏和研究自然景观、野生动植物为目标；同时是旅游者、旅游地居民、旅游经营者和政府、团体组织共同参与的一种旅游活动。

生态旅游并不仅仅依赖自然资源，它涉及自然资源、生态资源、生产资料和生产活动、农业文化和生产方式等各方面，既有对田园风光自然美景的欣赏，又有对农村的生产方式、生活方式、文化内涵的直接参与。

乡村生态旅游包括生态农业旅游。生态农业的特点是利用牲畜粪肥和含有矿物质的岩石，采用生物防治等方法来保持土壤特性，提高土壤肥力，完全不用或基本不用化肥、农药、生长调节剂和饲料添加剂。它在节约能源、保持水土、减少污染、提高土壤肥力等方面有较好效果。游客可参观生态农业的生产管理，采摘、购买无污染的绿色食品等。

目前我国的乡村生态旅游大多集中在各大中城市的周边农村地区，作为短途的旅游可以安排在周末进行。这样既满足了城市居民回归大自然的愿望，又大大节省了旅途开支和时间。现在全国多数大中城市都开展了这种时间短、距离近、效果好的生态旅游形式。

第三章　乡村旅游与农村经济发展的关系

第一节　贵州农村经济发展分析

一、贵州农村经济发展主要模式

（一）农业生态旅游模式

农业生态旅游作为生态旅游与农业发展融合形成的新的交叉产业，在传统农业生产的基础上，兼具生态旅游观光及乡村旅游的部分功能，集农业生产、生态观光、乡村旅游体验于一身。贵州高原山脉起伏，碳酸盐岩出露面积大，降水丰富，温度适宜，岩溶作用强烈，地表破碎，区域条件差异造就了各区域气候的复杂多样。而气候的复杂性和多样性，在一定程度上也造就了贵州农业生产模式的复杂多样性。区域自然资源条件、区位、发展目标的差异等，也导致了农业生态旅游发展模式的多样性。根据发展模式主要内容的差异，可将贵州农业生态旅游归纳为以下四种主要模式。

1. 生态农业示范园

生态农业示范园是集农业生产、新技术创新、休闲观光、科普功能于一体的半人工生态系统。其由公司或政府为主体进行投资建设管理，实行"公司（或政府）＋农户"的运作模式。客源以城市居民及满足大中小学校学生的科普教育活动和部分商务休闲活动为主，适宜建设在城郊及交通便利靠近城市的地区，如铜仁梵净山生态农业科技园、贵州金沙县生态农业科技园、石阡县生态农业科技园等。

2. 传统农业生产乡村旅游复合型

该模式主要是以传统的农业生产活动为载体，在一定程度上具有传统乡村旅游的特性，具有门槛低、投入少、风险低、易于管理及推广等特点。管理模式以分散管理为主，主要依赖农户自主意愿或村委会的协调管理。如黔南州贵定县音寨的"金海雪山"（即油菜花与梨花）、安顺的油菜花节等都属于该类型。

3. 自然农业观光民俗旅游复合型

该模式是以地域特色的农业生产景观及原生态民族文化为基础的旅游类型。如黎平县堂安的侗寨和梯田，西江的苗寨等。旅游者在旅游活动中不仅领略了壮美的农业景观，而且对不同民族文化、思维模式等有深入的了解。该模式在少数民族村寨分布的地区较多。

4. 体验参与复合型

体验式旅游是在体验经济快速发展的背景下提出的，农业生态旅游中的体验参与主要指旅游者亲身参与农业生产中的某个环节，如农作物播种、田间管理、收获等相关环节。旅游者能够体验劳动后收获的喜悦并可获得无公害的绿色食品，在参与实践中实现自我价值。

（二）乡村生态旅游模式

乡村生态旅游以乡村资源为基础，以乡村田园风光、森林景观、农林生产、乡村自然生态环境和社会文化风俗为吸引物来吸引城市游客。游客在旅游过程中达到领略农村乡野风情、体验农事生产劳作、了解风土民俗和回归自然的目的。

1. 乡村农业景观开发型

该类型主要以具有鲜明地域特色的乡村旅游资源为基础，以乡村农业景观及长期形成的非物质文化类型的农耕文化为特色，如黎平县堂安的山丘梯田，游客不仅可游览壮美的山丘梯田景观，而且可从中感受古朴的自然生态之美。

2. 古村落开发型

不同民族由于文化差异等原因，在其自身漫长的历史发展过程中形成了独具民族特色的村落景观，如西江千户苗寨、黄果树布依族石头寨村落等。此外，古村落在了解民族历史、艺术、建筑等方面还具有重要的学术价值。

3. 民族风情开发型

该模式主要以原生态的少数民族文化为主要旅游资源。原生态的环境加之纯朴的民族风情，使旅游者在旅游过程中充分了解感受少数民族特有的民风民俗、民族服饰、戏剧、音乐舞蹈等，增加了游客对我国少数民族文化的认知。

（三）庭院循环经济发展模式

贵州省山地面积比重大，地表崎岖破碎，因此乡村的分布相对分散，农户庭院面积相对较大，且距耕地较近。庭院循环经济发展模式可以充分利用零散土地，提高土地资源利用率，增加农户收入。在喀斯特山区的农村可因地制宜发展庭院循环经济，充分利用零散的农业生产要素，提高生产效率，从而在一定程度上增加农户收入，减少对生态环境的破坏，有助于生态环境的自我恢复。贵州农村庭院循环经济发展模式根据物质、能量循环及空间利用等主要特点，可分为三大类：一是以庭院为中心的循环经济型农业经营模式，二是多层次（空间）物质循环利用模式，三是以庭院循环农业为基础的综合型模式。

（四）乡村旅游与农村经济复合发展模式

随着乡村旅游的迅速发展，乡村旅游也成为农村经济新的增长点。如今乡村旅游的迅速发展已为村民带来较大的收益，但乡村旅游一般具有明显的季节性（时限性），尤其是离城市较远的农村受季节影响更加明显。农业生产活动依然是乡村农户最重要的收益性活动，乡村旅游经济自身的带动能力及收益有限，不可能完全取代传统农业生产活动，这就要求乡村旅游融入农业生产活动中。因此要实行乡村旅游与农村经济相结合的发展模式，实现优势互补、协调发展，降低乡村旅游初步发展阶段的投资风险。亦农亦旅、农旅结合的复合型开发就是一种可行性较强的发展模式。根据乡村旅游依托的资源特色主要可以分为乡村旅游与特色果园复合发展模式；花卉苗圃生态园与乡村旅游复合发展模式；特色养殖园与乡村旅游复合发展模式；不同类型地区农业/自然景观观光复合发展模式等。

（五）农村特色农业发展模式

贵州地处云贵高原，海拔较高，温度较我国同纬度地区偏低，存在显著的温度梯度，是我国著名的避暑之地。各地年平均相对湿度均在80％左右，总辐射弱，散射辐射多，为培育种植喜阴、惧烈日的叶用经济作物提供了优越的生态气候条件，如毕节等地区的高山反季节蔬菜种植、北盘江花江段干热河谷的花椒、红水河及南盘江流域低海拔富热量区的火龙果等。不同地貌类型区（山地丘陵区、峰丛洼地区）的差异存在不同的发展模式。如山地丘陵区的花卉、盆景复合发展模式主要集中于水土资源匹配条件相对较好的地区，以花圃为基础，以盆景与奇石组合，发展特色盆景及花卉栽培，典型代表为毕节市大方县羊场镇桶井村。此外还有峰丛谷地区的特色蔬果种植模式；峰丛洼（或谷）地区的特色冷水鱼养殖模式；特色民族文化旅游模式；喀斯特峡谷的生态农业治理模式；中海拔低山（或荒山）丘陵的茶叶、金银花经济作物种植模式；喀斯特山地丘陵的种草养畜生态的畜牧业发展模式；喀斯特峰丛洼地的经果林种植模式等众多特色发展模式。

二、贵州农村经济发展模式存在的问题

（一）资源环境问题

贵州发展农村经济拥有丰富的资源优势，但是在过去农村经济发展的过程中，由于忽视生态环保以及对资源的过度开发，农业生产活动对环境造成了严重破坏，导致了严重的资源环境问题。一方面，由于农村经济的快速增长，农民对资源的需求不断增加，加剧了资源短缺和供求不平衡的矛盾。另一方面，农村生产活动和工业化进程带来的污染问题日益突出，如土壤污染、水资源污染和空气污染等，严重影响了农村生态环境的可持续发展。

（二）农村产业结构单一

长期以来，贵州农村主要以传统农业和资源型产业为主，产业结构单一，缺乏新的发展动能和创新动力。这种传统产业结构使得农村经济发展受到制约，难以适应经济转型和市场需求的变化。传统农业的低效率和低附加值也使得农民收入增长缓慢，难以实现农村经济的可持续发展。

（三）农村基础设施薄弱

在贵州的部分偏远地区，农村基础设施建设落后，交通、能源、水利等方面存在较大不足。交通不便使得农产品运输受限，进而导致销售渠道较为局限。缺乏健全的农村基础设施，制约了农村经济的发展规模和效率，使得农村发展滞后。

（四）人力资本不足

贵州农村地区教育、医疗等公共服务水平较低，人力资本投入不足，制约了农村经济的创新和提质。教育和医疗等基础公共服务的不足使得农村人才培养和健康状况较为薄弱，影响了农村经济发展的持续性和质量。同时，农村劳动力的技能水平较低，难以满足农村经济发展对人才的需求。

三、推动贵州农村经济发展模式转型的意义

（一）有助于实现经济发展与资源环境的协调

从贵州的现状来看，传统农业模式长期以来对土地、水资源和生态环境的过度开发与利用，使得生态环境逐步恶化，制约了农村经济的持续发展。通过推动贵州农村经济发展模式转型，引导农业产业结构的优化调整，倡导绿色、可持续的农业生产方式，有助于实现经济发展与资源环境的协调。借助现代农业科技手段，推进生态农业、有机农业等新模式发展，减少化肥农药的使用，保护生态环境，为贵州农村经济的可持续发展创造良好的条件。

（二）有助于促进农民持续增收

农村经济发展模式的转型，意味着农业产业的多元化发展和产业链的延伸。在贵州农村地区发展特色农产品、休闲农业、乡村旅游等新兴产业，可以为农民提供更多就业机会，提高他们的收入水平。另外，培育农村新兴产业还可以提升农民的创业意识，提高农业经济活力，推动农村经济的持续增长。

（三）有助于加强农村基础设施建设

贵州农村基础设施建设的不足长期以来制约了农村经济发展的速度和质量。要推动贵州农村经济发展模式的转型，政府必然要加大对农村基础设施建设的投入。加强交通、能源、水利等基础设施的建设，可以提高农村生产生活的便捷性和舒适性，为贵州农村经济的可持续发展提供有力支撑。

第二节 乡村旅游对农业经济社会发展的重要性

一、带动乡村产业发展，增加民众就业机会

旅游业的发展需要依赖酒店、旅行社、交通运输、快递、购物等各项产业共同配合发展，这些大大小小的娱乐设施以及活动区域都需要大量的劳动力来支撑。如此一来，大量的产业发展就会为当地民众带来更多的就业岗位。从中不仅可以使农民获得直接的经济收入，还可以通过观光旅游业的发展，带动观赏、美食、商场、娱乐、度假等多个旅游行业发展，从而提高农村产业价值。

二、带动旅游相关产业发展，形成产业集群

各方面因素的限制使得贵州农业生态一直处于较差的生态环境中，

第二、三产业落后，新兴产业难以发展，直接导致农村经济始终无法发展起来。因此，调整农村产业结构就成为发展农村经济、实现农村现代化发展的根本出路。旅游业作为一个需要多部门配合发展的行业，无疑会带动农村交通运输、商业、饮食业甚至是娱乐产业的发展，形成一业带百业的产业链联动效应，推动农村实现多样化的产业发展。

三、促进当地居民革新观念，激发求富新追求

游客大量涌入的同时，增加了农村地区以往没有的购物流、信息流、人流量以及资金的流通。城镇居民把现代化都市的政治、经济、文化、社会意识等信息渗透进乡村，促使本地居民的意识观念、生活习俗等发生转变。在这个过程中，现代市场观念也逐渐占领了农村居民的大脑，并激发新的求富需求以及求新意识。

四、乡村旅游带动生态保护，实现环境可持续发展

乡村旅游作为一种经济干预手段，能够使生态环境保护措施得到有效落实，同时其自身的文化附加值还能改善并优化乡村的人文艺术环境，提高乡村整体的文化韵味。随着我国农村经济的不断发展以及经济效益的不断增加，民众也开始自发地了解本地文化，从而产生保护本村文化、风景以及自然环境的意识。乡村旅游作为一种生产力，也会促使人们加入维护农村风景、保护生态环境的建设活动中去。

第三节　乡村旅游中乡村生态旅游的重要作用

一、乡村生态旅游的基本特点

第一，乡村文化融合性。乡村生态旅游作为以乡村为主要场所而进行的旅游项目，必然会将乡村地区特有的民间传说、故事、典故等民俗活动作为其发展旅游业的一大特色。不同乡村所涉及的民居、田间作物、民俗文化都不同，这不仅增强了乡村生态旅游项目的吸引力，还展

示了当地的文化底蕴，激发了游客前来游玩的兴趣与热情。

第二，乡村生态依托性。乡村生态旅游作为乡村旅游和生态旅游的结合，同时具备二者所具有的特点：它不仅保留了乡村农业文化、生活文化和民俗文化的乡村旅游内容，还兼具生态旅游保护环境、寄情山水的特征。如果不是在农村，这样的旅游活动就不能称为乡村生态旅游；如果没有优良的生态环境，农村就无法吸引游客，旅游业就无法产生和发展。因此，乡村生态环境是乡村生态旅游发展的基础。

第三，环境保护有效性。习近平生态文明思想是乡村生态旅游的主导思想，因此发展乡村生态旅游要特别注重各利益相关者对生态环境的保护。旅游开发商、管理者、当地居民和游客应充分认识和了解当地生物群落及其环境相互作用的自然系统，并积极为当地环保做贡献，从而达到环境保护的目的。

第四，活动形式多样性。乡村生态旅游有多种形式，既有体验乡村田园生活的农家乐形式，也有展现乡村原汁原味习俗的民俗文化形式；既有以乡村优美的生态环境为主体的形式，也有以乡村历史古迹为特色的形式，通过多种多样的活动形式让游客亲近自然、放松心情。

第五，开发经营的"多赢性"。乡村生态的合理规划开发，有利于保护当地的生态环境；与当地民俗风情充分融合，有助于地方文化的传承和发扬；适度开发乡村生态旅游，可以为当地居民带来更多的就业机会和更高的经济收入，提高他们的生活水平。因此乡村生态旅游是一种同时具备经济效益、生态效益与社会效益的旅游形式，可以产生"多赢"的效果。

二、发展乡村生态旅游的意义

乡村生态旅游作为乡村旅游与生态旅游的有机结合，对于经济发展、生态环境、社会生活具有重要的现实意义和深远的历史意义。

(一) 经济效益

1. 优化农村产业结构，改善农业供给

目前，我国正面临着产业结构的大调整，传统的农业结构和管理模式已经不能适应市场经济发展的需要，农村经济开始从分散封闭的粗放型经济向集约型、效益型转变。发展乡村生态旅游，有利于将地方资源优势转化为旅游产品优势，实现农业功能的转变。同时也使农村打破单一经济的束缚，推动农村商业、通信、餐饮等行业的发展，为实现市场化、社会化、集约化的农业提供动力。

2. 提高农民收入，助力精准脱贫

据世界旅游组织统计，旅游业每增加 1 元直接收入可带动相关产业增加 4.3 元收入，旅游业每增加 1 个旅游从业人员可带动相关产业增加 5 个就业机会，这将极大地带动经济的发展。发展乡村生态旅游，能够带动当地居民参与经营旅游事业，例如提供酒店宾馆、旅行社管理、开办农家乐等，不仅可以有效解决农村剩余劳动力问题，促进地方经济发展，还能增加当地居民收入，为当地经济发展注入新的活力。

3. 缩小城乡差距，加速城乡一体化

通过乡村生态旅游活动，将城市居民吸引到农村，有利于加深市民与农民之间的联系，促进城乡之间信息与情感的交流。乡村生态旅游为城市居民、学生、科研人员学习农业生产知识、了解乡土文化、了解城乡文化差异提供了最佳路径。同时能够促进农村经济发展、优化农村生态环境、提升当地农民文化素养，有利于缩小城市和乡村之间的差距，使城市和乡村在产业发展、生态环保、社会事业等方面全面协调可持续发展。

（二）生态效益

1. 改善生态环境，建设美丽乡村

发展乡村生态旅游业，可以有效改善农村道路、健全农田水系等基础设施建设和公共服务体系，通过村容村貌改造、农村垃圾分类等举措，实现天蓝、地绿、水净的生态目标，从而不断改善当地人居环境和居民生活质量；可以增强居民的环保意识，增强居民对当地特色文化继承和发扬的重要性的认识，积极保护居住环境；同时通过系统的宣传教育让游客提高游览中的责任感，通过主客体相结合的方式，实现农村生态环境保护，推动美丽乡村建设。

2. 促进本地区开发，实现可持续发展

可持续发展主要体现在生态资源的保护节约和传统文化的传承发展两方面：一方面，乡村生态旅游提倡以集约资源利用方式取代传统的粗放资源利用方式，推广"无公害"的绿色种植方法，推荐使用环保节能建材，为节约资源、保护环境作出贡献；另一方面，发展乡村生态旅游可以保护当地的优良传统文化，特别是保护非物质文化遗产，对乡村传统人文资源的发掘和传承作出贡献，从而促进地方可持续发展。

(三) 社会效益

1. 传承优秀文化，发扬特色文化

在长期与自然协同进化的过程中，农村积淀了很多生态文化的内容。但是在现代都市功利思想的冲击下，这些生态文化没有经过仔细鉴别就被淹没在城镇化的浪潮中，使得乡村文化的多样性正在减少。乡村生态旅游的开发注重对当地生态环境的保护和对传统文化的传承，能增强村民对当地文化的认同感，并且将特色文化融入当地民间手工艺、音乐戏剧、饮食等旅游活动，让游客在旅游过程中了解和学习当地特色文化，提高村民的文化自豪感。

2. 宣传旅游文化，推广生态旅游理念

生态旅游是目前世界上流行的旅游形式之一，许多国内学者都倾向于把生态旅游看作是一种可持续发展的旅游理念。乡村旅游使城市居民有机会参与农事活动、体验乡村生活、了解乡村文化。为了吸引旅游者，开发经营人员必须主动改善环境卫生，提高环境质量，保持自然生态平衡。同时提倡游客在旅游时尊重乡村文化，保护乡村环境。

3. 丰富旅游产品结构，缓解景区承载压力

我国传统的观光旅游以名山大川为主，这些景区景点旅游成本高、重游率低、内容单一固定、参与性不足。而乡村生态旅游依赖乡村地区的一切资源，吸引游客到乡村度假、劳作、娱乐等，活动内容多样，注重游客的参与性与体验性。乡村呈现出四季变化的不同景观，丰富了旅游产品结构，为广大游客提供了新的旅游活动空间。而且出游便捷、高

效、费用低廉，特别是法定节假日，城市近郊成为都市居民出游的首选目的地，这样便为知名景区分流了部分客源，有效缓解了景区承载的压力。

三、发展乡村生态旅游的作用

（一）有利于改善乡村生态旅游地环境

通过发展乡村生态旅游可使农民增强环保意识，增强继承和保护本地文化特色的意识，更注重村容村貌，变被动保护为主动保护。特别是在政府主导下，通过实施生态工程，制定合理、切实可行的科学规划，将促进旅游地大环境的改善，促进"乡风文明"和"村容整洁"，促进社会主义新农村建设。

（二）促进乡村传统文化的传承与发展

乡村生态旅游的开发遵循生态规律及当地的文化习俗，重视生态环境和文化资源的保护，能增加居民对当地文化的自豪感，使当地居民认识到文化景观和文化传统的价值，让民间手工艺、音乐、戏剧、舞蹈、饮食等各种文化都在旅游过程中得到保护并发扬光大。同时，发展乡村生态旅游对于文化遗产的保护也有更深刻的意义。

（三）有利于提高农民生活质量，改善农民生活水平

发展乡村生态旅游将进一步带动农村基础设施建设，如交通、房屋建设的布局更加合理，排污、治污更加规范、严格，更加注重高科技投入，注重生物害虫的防治等，从而使农村环境卫生得到明显改善，客观上为当地农民营造了良好的居住、休憩的生活环境，提高了农民的生活质量。

并且，发展乡村生态旅游可以优化调整农业产业结构以及旅游产品结构，使传统农业增添附加值，提高资源利用率。在生态农业加速发展的同时，能够为当地居民提供更多的就业机会，带来更高的经济收益，不断增加农民收入，加快农民脱贫致富步伐，进而缩小城乡差别。

(四) 推动乡村生态旅游地实现可持续发展

发展乡村生态旅游要求在充分运用现有乡村生态旅游资源基础上，使用生态学原理、环境美学、系统科学等方法，在环保和可持续发展的前提下通过规划、设计、施工将当地的基础设施建设，如交通、房屋建设等与当地乡村生态旅游资源、乡村生态旅游项目开发、游客参与融为一体，以达到协调发展，改善当地生态环境的目的，从而实现乡村生态旅游地的可持续发展。

第四节 乡村旅游与农村经济的互动发展

乡村旅游的兴起，为农村地区经济发展开辟了一条新的发展道路。但就目前的情况来看，乡村旅游的基础设施建设、政府规划引导等问题仍比较突出，严重制约了农村经济的发展。从经济发展和生态环境的角度出发，研究乡村旅游经济对农村经济发展的影响，才能促进农村经济持续健康发展。

一、乡村旅游与农村经济互动持续发展的基本条件

(一) 地区优势以及客流量优势

发展乡村旅游业，地区选址是首要条件。一定要选择在靠近风景名胜的地区或者是城乡之间的近郊区，一是由于其交通便利，方便游客游玩；二是位于风景名胜的周边地区，有丰富的文化自然资源，有利于发展农村观光旅游业。大量的游客基础以及自然基础能够推动农村旅游业的发展，而那些没有以上优势的地区，就很难将旅游业发展起来。

(二) 生态优势以及文化资源优势

丰富的自然资源与优越的空间资源，是我国农村旅游业发展的重要基础。中国农村旅游业能够带动中国特有的旅游产品需求形成，其需要两点条件的加持：一是城市居民对乡村自然风景的向往以及对优美环境的追求，二是乡村需要保持优越的自然环境以及良好的生态优势，两者缺一不可。同时，乡村旅游业中的生态文化资源必须是乡村独有的，并

且能够产生巨大文化魅力的,例如乡旅文化基地、民宿等。

(三) 政府与民众共同努力

乡村旅游业刺激乡村经济快速发展的成效有目共睹,政府要抓住乡村旅游业发展的机会,制定符合当地农村的可持续财政政策及扶持政策,促进乡村旅游与农村社区经济的可持续发展。因此,当地政府需要对乡村旅游业进行全方位的支持,加大资金投入及技术研发力度,因地制宜制定相关政策,与当地民众协同发展乡村旅游。

二、发展乡村旅游经济的可行性

(一) 乡村旅游具备发展旅游经济的环境优势

与其他旅游项目相比,农村旅游有明显的区别,因为随着城市化进程的不断加快,前往景区观光旅游已经无法满足人们的需求,人们越来越崇尚自然,更倾向于享受和体验田园生活。乡村旅游的主题是贴近自然、享受田园生活,这与那些人山人海的景区完全不同,游客可以感受到大自然的气息,从而使心灵得到放松。因此,乡村旅游可以满足人们对农村生活的需求,发展乡村旅游经济具有重要的现实意义。

(二) 乡村旅游具备发展旅游经济的成本优势

旅游可以使人的身体得到放松,但如果参加旅行团前往外地旅游花费的金钱就比较多。而乡村旅游是一种利用乡村的资源优势进行包装的旅游项目,其开发和运营成本比外地旅游更低。此外,大部分的乡村旅游主要吸引周边城市的游客,人们周末就可以与亲朋好友组团去附近的农村旅行,这样既可以在短时间内感受大自然的魅力,又可以通过旅游加深对农村的了解,还可以带动农村经济共同发展。因此,从经济学的角度来说,发展乡村旅游能够促进农村地区经济的发展。

三、发展乡村旅游经济的制约因素

(一) 基础设施薄弱

发展乡村旅游的基础设施建设和完善程度,决定了各个乡村旅游景点对旅游者的吸引力,也是开发商投资与否的一个重要因素。然而,很多地方政府没有足够的资金支持发展乡村旅游。因此在发展乡村旅游时,常常会引进开发商进行投资,而开发商更侧重于如何快速收回投资成本,以及发展乡村的投资回报率。这个角度看,基础设施建设投入大、回报慢,需要依靠地方财政支撑,这就增加了发展乡村旅游的难度。

(二)乡村居民的参与度低

发展乡村旅游是实现乡村居民增收、推进新农村建设的重要目标。然而,在实际的乡村旅游发展中,大部分地方政府都会将相关的项目交给开发商,加之绝大多数的开发商不想与当地居民有过多的接触,乡村旅游大部分由开发商自行开发和运营,这就造成了农村居民参与度低的问题,从而对乡村旅游的发展产生较大的负面影响。因此,地方政府必须重视发展乡村旅游中农民的参与度,引导农民和开发商做好沟通与协作。

(三)政策缺乏引导

发展乡村旅游经济是国家围绕新农村发展提出的改革举措之一。但在现实发展过程中,由于相关人员思想认识和管理水平的欠缺,政策导向必然会出现一定偏差。例如,由于缺少法律、法规的指导和规范,在乡村旅游的发展过程中,存在为了快速获得经济效益而不惜损害生态环境的现象,从而影响乡村旅游产业的可持续发展。因此,地方政府要高度重视,通过出台各种招商引资政策以及采用财政、税收等手段,积极推动农村经济的健康、有序发展。

四、农村旅游和农业经济发展互动持续发展模式

(一)发挥政府主导的优势

政策导向的发展驱动模式是指政府在政策规划引导下,通过各项政策举措,对农村旅游发展予以正面带动与扶持,并有意识地发展农村旅游,以促进乡村经济发展的一种管理模式。其政策具备很强的针对性和可操作性,特别是在农业经济较发达或落后地区开展乡村旅游活动的初

期阶段,其驱动力作用尤为明显。事实也证明,在部分地区,如安徽、云南等省区实行政策导向发展驱动模式获得了较明显的成效。

政策导向规划分为实施决策引导规划、资金决策扶持、人才素养培训、全程决策引导等几个不同层面应用。为促进我国乡村文化旅游以及农村旅游经济的快速健康发展,此处提出几点建议,一是实施决策引导谋划。按照国家政策谋划导向,有效推进创新驱动经济模式,开展政策引导活动,因地制宜,有序推动乡村文化旅游业健康发展。对此,当地人民政府必须组织聘请乡村旅游相关领域的行业专家或权威学者先对其进行实地调查并分析论证,从而提出制定我国乡村文化旅游产业发展战略总体规划、专项规划和详细发展计划等。二是政策投入扶持。制约农村地区发展成为国际乡村旅游的另一个主要因素,就是地方政府缺乏对乡村旅游业发展的投入。外国农村旅游业的经验证明,国家政策的投资支持是农村旅游与农业经济持续发展的主要保证。所以,当地政府一定要利用好国家财政补贴,地方基本建设投资、银行贷款、税务权限等方面的优势,落实好优惠政策。同时要建立一些引导农村旅游发展投资的特殊政策,集合社会闲置资本,以推动农村旅游发展筹资的社会化利用。三是人才培训。由于农村管理和服务水平低下,其丰富的自然环境以及文化资源无法被挖掘出来,这也是大多数农村无法快速发展的原因之一。因此,当地政府应积极开展各类学术活动,带动农村知识分子外出学习,鼓励其将别处的管理经验引入当地农村,从而更好地促进乡村经济发展。四是全程指导。很多农村群众思维守旧不敢冒进,不愿意参与社会主义建设活动。此时就要求当地政府积极动员农村群众,并主动灌输新的社会价值观,以帮助农村群众改变传统观念。

(二)以乡村旅游为龙头带动各项产业快速发展

要想实现农村经济的迅速增长就要切实发展乡村旅游文化,充分发挥一些农村文化旅游的间接驱动效应和经济拉动作用功能。将农村旅游业作为农村经济发展的龙头企业,发挥其带头作用,促进其他产业均衡发展,生态建设协调配合,逐步形成建立旅—农—工—贸产业联动协调发展的新模式,并重点围绕加快乡村文化旅游发展进行各项农村经济社会建设重点工作。首先，要坚持优先发展第三产业，着重解决游客衣食住行的四大问题，在此基础上再发展游、购、娱三大产业，政府要着重支持农村游览观光服务设施、商业服务设施、文娱休闲设施的建设。其次，坚持发展第一产业，支持建立农副产品研发基地、农业文化观光旅游产业基地，并以此直接带动乡村农业旅游产业化的快速发展。再次，是发展第二产业，重点支持生产各类用于农业文化旅游的小商品、饮料、纪念品等，对当地土特产进行深加工、精工艺加工，力求扩大市场规模。最后，要充分发挥一些农村文化旅游的牵线搭桥带动功能，让一些农村文化旅游直接带动一些信息、资本、科技等重要产业生产要素进入市场，并以此促进了信息资本、科技、和人力资源的引进，从而加快本区域农村经济的发展速度。此模式适合于农业经济基础较好，农村旅游发展条件比较成熟的乡村区域。

（三）农业与旅游业相互结合

第一，共同发展农业生产与乡村旅游业。政府应鼓励农民不放弃农业生产的同时，响应政府号召，大力开发乡村旅游业。例如，结合乡村旅游开发季节，将骑马、民俗表演、田园观光、集体劳作结合起来，创建以农家乐为内容的旅游项目；第二，将农业与旅游业串联起来，将农产品发展成为旅游特产，增加农产品的附加值，在农业的基础上发展第二、三产业，逐渐将传统农业向农村多样化旅游经营模式转化，形成最佳发展形态。

（四）采用"公司＋农户"的经营模式

公司与当地农户一起合作是中国推动乡村文化旅游产业发展的重要战略运营管理主体，企业内部要更加善于建立以及管理好旅游公司和当地农户之间的长期合作伙伴关系，坚持以打造公司文化为经营龙头，以提升农户文化产品和旅游服务质量为经营基石，以农户收益的合理化和分享方式为合作纽带，积极创新和丰富"公司＋农户"的经营模式，逐步形成收益共享机制，经营中风险补偿机制，政府政策支持机制和社会法治保障机制，建立了收益共享，经营中风险共担的农村旅游发展经营共同体和社会经济共同体。

五、乡村生态化旅游与农村经济发展

(一) 乡村生态化旅游对农村经济发展具有积极作用

通常来说，来自城市的游客消费要求较高，现有的乡村环境很难满足消费者的需求，这就在一定程度上促进了商品经济的发展。乡村旅游中包含的农家活动与观光活动，都能够促进农业、交通、网络产业的升级与转变。近年来，各类蔬菜水果的采摘园成为乡村生态化旅游的热点，城市居民能够体验到前所未有的采摘乐趣，吃到新鲜的瓜果蔬菜，增加了村民的收入，促进了乡村农业经济的发展。乡村生态化旅游的持续发展为农村经济发展带来了源源不断的动力，整体产业结构也得到了优化。我国属于农业大国，可见农民对于我国经济发展的重要性，但随着科学技术水平的不断提高，更多的机械代替人工，很多农民的就业成为问题，因此促进农民就业，就是经济发展的必然趋势。

乡村旅游的发展需要依靠完善的基础设施，而农村基础设施的建设需要乡村生态化旅游的促进。乡村生态化旅游经济的持续发展，离不开自然资源与生态环境的支持。大多数自然资源都是不可再生的，在乡村生态化旅游的建设中，要注意环境与资源的合理利用与保护。要在当地政府与相关部门的引导下，对乡村生态化旅游所利用的自然资源进行规划，减少旅游活动对环境的污染，保持农村美丽的自然环境，促进本地区经济的可持续发展。

(二) 农村经济发展对乡村生态化旅游的作用

农村经济的发展，给乡村生态化旅游提供了资金基础，可用于多方面的建设，还可以加大乡村旅游的宣传力度，使其发展更具全面性。我国一些农村地区比较闭塞，在水、电、医疗以及教育方面存在许多不足之处。从发展的角度来说，如此落后的基础设施与经济条件，对乡村旅游是非常不利的。我国地大物博、疆域辽阔，很多乡村都拥有着独具一格的自然景观与浓厚的文化氛围，但因为基础设施的缺乏与经济的落后，这些地区游客数量很少。没有乡村生态化旅游业的带动，经济发展停滞不前，就形成了一个恶性循环。基于这一现状，农村要积极开展招商引资项目，使交通、服务等方面的基础设施不断完善，推动当地乡村旅游行业得到发展。农村经济的可持续发展能够带动产业升级，使商品经济渐渐走入村民的视野之中，村民可以为乡村旅游提供更多的产品。我国一直十分注重农业的发展，越来越多的科学技术融入农作物的种植和畜牧的养殖方面，动植物的品种越来越多，一些奇特的动植物也能够为乡村旅游吸引更多的游客，例如袖珍白菜、方形西瓜、无土栽培等。目前农村各行各业人才稀缺，为解决这一问题，我国推出了相关政策，鼓励大学生扎根基层，为农村的发展带来贡献。政策推出后，大量的大学生涌入农村，作为"村官"、村医以及教育工作者，为农村奉献出宝贵的青春。这一举措有利于实现社会主义新农村的建设，培养出有文化的新型农民，为农村经济持续发展提供保障。

（三）发展乡村生态化旅游对农村生态经济的影响

乡村生态化旅游从农业的角度来看，是一种全新的经营方式，它改变了经济的来源，使村民收入得到提高。但也是对自然资源与生态环境的消费，产生的负面影响是无法估量的。首先，若想使乡村旅游得到更好的发展，就要增加一些基础设施，例如车站、酒店、饭店、地下管道铺设、景观建设等。这些设施的建立，在一定程度上对农村地区原有的地貌造成了改变，甚至会破坏森林树木，形成严重的水土流失，这些破坏往往是无法弥补的。其次，在乡村生态化旅游建设中，没有结合当地自然情况进行合理规划，过于注重新项目的建设，而不将自然环境考虑其中，使建筑与周边山水格格不入，很难让人感受到美感。另外建筑垃圾若随意丢弃，也会给环境带来巨大的影响。更有甚者为了迎合城市居民的品位，对城市园林进行模仿，改变了乡村原有的生态环境，也失去了乡村自身的特点。还有一些开发商为了眼前利益，不顾农村生态系统的承载能力，在乡村旅游的旺季为抓住短暂的商机，大量出售门票，使乡村范围内人满为患，生态系统超负荷运作，最终对乡村自然环境造成了不可修复的影响。乡村旅游在招揽游客的同时，来往车辆越来越多，尾气排放量也随之增加，另外还会产生更多的生活垃圾。这些现象必定会对农村水源、空气、土壤等自然资源造成污染。最后，需要注意的问题就是游客的不文明行为，近年来我国国民整体素质得到了提高，但仍然存在一些素质低下的人。相关学者曾提出"道德感弱化"的观念，也就是说旅行是暂时离开自身生活环境的一种方式，在异地短暂停留的过程中就很容易使游客道德感弱化，这种思想感情的变化，会引发人们的各种不文明行为。面对这一问题，乡村旅游的相关部门要设置专人对游客行为进行监督提醒，保证自然景观与环境不遭受人为破坏。

（四）农村经济发展对乡村生态化旅游的制约

乡村生态化旅游的建设需要依靠资金投入，其中包括民间资本与金融资本。目前来看，乡村生态旅游的建设与发展时常出现运转资金不足、资金来源单一等问题。为改变这一现状，要使当地政府与财政部门对乡村生态化旅游引起重视，加强对乡村基础设施建设的资金投入，并对其融资过程进行指导。对于一些环境保护的重点项目，当地政府应适当给予一些贷款补贴等。另外，要不断完善融资系统，逐渐将乡村生态化旅游的各个景区的产权、管理权利与经营权利分化，推动乡村生态化旅游建设向市场化发展，在不破坏环境的前提下，将自然资源最大程度转化为经济资源。还要进行大力宣传与招商引资，吸引社会各界资金的投入。同时为鼓励乡村生态化旅游建设，相关税收部门可实行一些优惠政策。目前乡村生态化旅游的很多方面还属于起步阶段，需要依靠政府的帮助、科学技术的应用以及社会各界的支持。以及注重人才的引进，并对现有工作人员进行培训，从环保知识、服务理念入手，提高乡村生态化旅游从业人员的整体素质，为其发展打好基础。

六、乡村生态化旅游对农村经济发展的影响

（一）乡村生态化旅游开发对农村地区产业结构的影响

1. 乡村生态化旅游概述

乡村旅游是指发生在乡村地区的旅游活动。乡村生态化旅游主要是指针对农村资源浪费、环境污染现象进行改善和整合的一种生态化旅游模式，其包括的内容非常丰富。在乡村旅游的最初阶段，人们对乡村旅游的认知不同，经历了由观光农业到农业旅游的转变，之后又转变成乡

村旅游的过程。乡村旅游主要包括两个方面：发生在农村地区的旅游和以农村为吸引力中心的旅游。其乡村性被作为一种分界标准，它具有三个特点：地广人稀；土地主要被用来耕种，保留有原始的自然景观；继承了传统的习俗和文化。因此发生在农村的旅游不一定就是乡村旅游，乡村旅游和保护生态环境的生态化旅游是有区别的。乡村旅游的过程主要是观光、享受和休闲，乡村的环境氛围是主要的吸引力，游客大多数是城市居民。而乡村生态化旅游能够让农村居民获得更多的经济收入，这样不但能够提高农村居民的生活水平和文化水平，还能够使游客和当地居民之间有很好的沟通和交流，促使乡村居民提高对家乡传统文化价值的感知，对打破城乡之间的结构差异也有巨大的作用。

2. 生态化旅游开发对农村地区产业结构的影响

乡村生态化旅游不仅能够实现农村资源的可持续发展，还能够改善农村地区人们的生活方式和生活水平，对人与自然的和谐共处起到很好的促进作用。"乡村生态化旅游"这一理念早在20世纪50年代就出现了，它符合国家政策，也符合科学发展观和可持续发展观的要求，更加符合当今社会发展的需要，这一理念为广大农村旅游业发展指明了前进的方向，是时代发展的新趋势，是国家和人民认可和提倡的朝阳产业。乡村有美丽的田园风光，有很好的自然条件，若能够好好利用这些自然资源和当地的地理条件，便能够把自然环境的特征转化为经济发展的优势，把旅游观光转化为主要的生态化旅游模式。乡村生态化旅游模式的核心部分是美妙的田园风光，包括稻田、果园、菜园、山水、树林和田园等乡村自然风景。乡村生态化旅游对农村本地的经济影响主要来自农村旅游资源的生产和消费过程，旅游产品的生产和消费往往是同时发生的，游客带来的消费活动必然会对当地的自然生态环境造成影响，因此乡村生态化旅游将产生多方面的作用和影响，政府对其必须加以控制和改善。乡村生态化旅游的发展对当地的旅游区的作用和影响具有综合性，有些旅游区将耕地修成了停车场和娱乐场所，减少了耕地的面积，违反了国家政策，国内学者认为要解决农村旅游项目占用农民耕地的问题，就应该建立健全对农民的补偿制度。

（二）乡村生态化旅游发展对农村地区经济发展方式和收入分配结构的影响

1. 乡村生态化旅游对当地经济发展方式的影响

乡村生态化旅游的发展重点在于可持续发展，不仅能够增加旅游区居民的收入，还能改善居民的生活方式和生活态度，提高居民的生活水平和文化水平。通过游客和农村居民之间的沟通，能够加强居民对当地的文化价值的认同，这样不但能够打破城乡之间的结构差异，还能够缩小城乡之间的收入差距和素质差距，对城乡之间居民的交流有很好的帮助。目前来看，我国已经进入到工业反哺农业、城市支持农村的时代，发展乡村生态化旅游是推动社会主义新农村发展的有效途径。我国是历史悠久的文明古国，但与国外相比，我国人口基数较大，农村人口比重较大，剩余的农村劳动力非常多，由于农村地区工业不发达，就业压力也很大。乡村生态化旅游的可持续发展能够很好地解决农村劳动力大量剩余和发展农村经济的问题，进而缓解国内经济发展的压力。传统的农村耕地作用单一，生产产品单一，虽然农民投入少，但是产出也很低，是一种很不合算的使用方法。而通过对乡村生态化旅游的建设，能够促进农村经济效益的增长，提高农业的社会效益，并且引进农业的高科技，使我国的农村走上社会主义现代化农村的发展道路。

乡村生态化旅游是一项长期发展的项目，社会主义新农村发展需要与乡村生态化旅游发展需要相配合，进而做好合理的统筹规划。乡村生态化旅游涉及项目众多，其中最重要的是涉及农村地区人民的经济利益和当地自然生态环境利益，因此研制出一套合理的乡村生态化旅游管理体系是发展乡村旅游最有效的途径。乡村生态化旅游能够将乡村资源合理开发和利用，同时又有政府政策的支持，很大程度上提高了农民的经营收入。建设乡村生态化旅游系统利于农村产业结构的整合和改造，为农村居民提供足够的就业机会。如今我国大部分农村地区仍然以种植业为主要产业，第三产业罕见，产业结构非常不合理。乡村生态化旅游的可持续发展，意在将部分剩余劳动力转移到第三产业，比如农村的手工艺或者餐饮行业等。发展乡村生态化旅游，需要美化农村的田园、道路和周围的环境，需要整治不合理的产业布局，营造出错落有致的田园风光，此外增加绿色植物也可改善自然环境，进而达到乡村生态化旅游的可持续发展。乡村生态化旅游不仅能够带动当地的信息流通、资金流通、技术流通，还能够改善当地的投资情况，为招商引资增加吸引力。因此，乡村生态化旅游能够改善当地的产业结构，进而推动当地的经济发展，促进农村的城镇化建设。

2. 乡村生态化旅游对当地收入分配结构的影响

乡村是相对于城市来说的，国内的乡村远不及城市繁华，属于不发达地区。发展乡村生态化旅游能够保障农村地区的合理建设和协调发展，而农村的经济发展离不开经济发展理论的指导。美国最早提出了区域平衡发展论，重点在于促进社会协调发展，缩小城乡之间的收入差距和维护社会和平稳定，有利于各区域产业协调稳定地发展。法国学者提出的增长极理论指出，应该将综合条件好的区域发展成经济增长极，再通过增长极效应，进而推动周边地区经济发展。增长极效应包括金钱、资源等要素向农村聚集，从而推动农村发展。农村的文化习俗和自然风貌都是乡村生态化旅游得以发展的前提条件，然后就要发展农村的生产力，实现现代化农业。乡村生态化旅游目的是要改善农村的基础设施和自然生态环境，改善交通和通信等生活条件，从而提高农业综合生产力，发展特色农业，继承当地文化传统，另外，还需在当地政府的扶持下，使得乡村生态化旅游与农业协调稳定发展。发展乡村生态化旅游，通过建立城乡之间的沟通渠道，有利于扩大政府对农村地区的投资和政策方面的支持，能够促进资源和金钱等流入农村地区，促进了社会主义农村的全面发展。很多农村地区大幅度改善基础设施，全面整治了农村的面貌，这对农村地区的基础设施和住宿条件的优化起到了促进作用。

(三) 乡村生态化旅游投资对增加旅游资源附加值的影响

1. 旅游资源附加值的概述

旅游资源，是指旅游区域经营者为了迎合和满足游客们的需要，利用自然环境和基本设施所提供的所有服务的总称。大多数的旅游资源都属于服务产品，每个旅游区域的旅游资源都分为主体价值和附加值。其中主体价值就是旅游区域的主要服务项目带来的经营收入，附加值是指不同于主体价值的，并且用以辅助主体价值的辅助类服务项目，主要作用是给游客带来额外的身心愉悦的效果。比如一个旅游区，山水风景是旅游资源的主体价值，休闲和娱乐则是旅游资源的附加值，主体价值往往只有一个，旅游资源附加值却可以是很多种。增加旅游资源附加值的方法大致分为三种：横向一体化、营业促销和差异多样化。如某个旅游区的名胜古迹必然是主体价值，经营者可通过在旅游区修建园林、花坛和水池等来增加景观服务的类别，从而增加旅游资源的附加值。旅游度假村是很好的休闲娱乐场所，在这里静心休养是旅游资源的主体价值，经营者可通过在此旅游区增加棋牌、陶艺和沐浴等服务项目，增加娱乐的类型，从而增加旅游资源的附加值。

2. 乡村生态化旅游投资对增加旅游资源附加值的影响

乡村生态化旅游投资项目的主导者是当地的政府，政府的投资主要用以建设旅游区基础设施，虽然这方面投入的金额很大，又收益不高，但这一环节是必不可少的，严重关系到未来的旅游经营活动能否顺利开展。旅游资源附加值的种类很多，比如公园中的树林景点是旅游资源的主体价值，可在此旅游区域建设科普教育性设施（花草树木品名标签等），增加旅游服务项目，进而增加旅游资源的附加值。旅游经营商实行环保生产和环保服务，以整个产业体系面向旅游消费人群，在各个企业之间实行净化和循环的过程。各个企业之间物质资源循环使用，合理维持自身运转系统，意在节约资源、减少污染、保护环境，不仅能够实现各个企业之间的互利共生，还能够维护自然生态环境的协调发展。各个企业之间团结协作，共同推动社会主义新农村的发展，提高农村居民的生活水平和游客的消费水平，进而增加旅游资源的附加值，通过旅游业系统的稳定运转，进一步实现乡村生态化旅游。

七、农村经济发展对乡村生态化旅游的影响

（一）农村经济的增长为乡村生态化旅游发展提供物质保障

良好的经济可以为乡村旅游提供充足的物质保障，它既可以为乡村

生态化旅游提供足够的资金支持,又可以完善基础设施的建设,还可以保护传统的风俗文化,帮助乡村生态化旅游宣传,推动其更好地发展。

随着城市化和工业化的发展,在城市生活的人们更希望走出去,回到自然,感受乡村的气息,乡村生态化旅游应运而生。这种形式的旅游地点是在农村,由农户来提供吃、住、玩等一系列活动,常见的活动场所为农场、牧场等。这种旅游类型就是以乡村场所为主要的活动场所,以独特的生活风情、田园风光作为对象,其基本的形式依靠独特的农业资源、农村的自然景观和田园风光,是主要针对城市居民的旅游区。

乡村旅游要获得可持续发展,经营者们应秉着生态旅游发展理念,保护本土原生态特色风景和气息,结合乡村原生态民族文化、原始自然风光、原貌历史遗存等乡村旅游资源优势与潜力,实行全域民族乡村旅游保护发展。乡村生态化旅游具有以下四个特点:

一是丰富的乡村景观。乡村生态化旅游以自然生态环境景观与人文景观为旅游资源,主要由田园景观、乡村聚落景观、建筑景观、农耕文化景观和民俗文化景观组合而成:①田园景观。田园景观是乡村景观最主要的组成部分,主要以农村田园、农业生产活动和特色农产品、自然水体或人工水体等经济区域为休闲吸引物,是能够呈现不同特色田园主题观光活动的区域。②乡村聚落景观。乡村聚落景观呈现的是乡村聚落空间的组织形态,主要包括乡村聚落建筑、聚落社会空间、经济空间以及文化空间,它们共同组成了乡村聚落景观体系,彼此之间形成了既相互联系、相互渗透又相互区别的有机整体,从而展现其独特的旅游价值。③建筑景观。每个地区的乡村住宅都具有一定的地域特色,它们往往是风格迥异的,常常会带给游客不同的感受。例如内蒙古草原的蒙古包、苗乡的寨子、黄土高原的窑洞等。④农耕文化景观。作为历史悠久的农业古国,我国在长期的农耕实践中孕育了丰富的农耕文化,农民在进行农耕活动的过程中对自然植被、村落、农田、河流、渠道等进行利用与改造,形成富于地域文化特色的农业生产形式,例如烧耕、运水车、围湖造田等,自然景观和人文因素的共同影响而形成独特的农耕文化景观。⑤民俗文化景观。民俗文化景观与民俗文化相互关联,可以说是特定民俗文化的外化形式。其集中体现在非物质形式层面，而且包括民俗文化对古村落物质景观的约束和塑造作用，涉及人的食、住、行、游、购、娱、研、学等方面，是研究古村落景观的重要内容。由于古村落悠久的历史与丰富的民俗文化已深深植入其景观中，所以要深入探讨古村落民俗文化景观，就要对特定古村落居民的风俗习惯与村落环境之间的关系进行分析，这在全面建设"美丽乡村"的时代背景下显得尤为重要。

二是地区的多样性和时间的差异性。乡村生态化旅游资源主要来源于农耕形式、自然风光及传统的民俗。根据地区的不同，所具有的自然环境与传统文化也会存在差异，正是这种差异性才能满足不同游客的需求。具有典型文化特色的村落可以设计旅游观光项目，让游客体会不同的风俗文化；农业特点突出的地区可设计农业观光旅游项目，让游客参加农耕劳动；在乡村民俗文化浓郁的地区，可建立民俗文化区，开展一系列民俗文化活动，每一个民俗文化活动区域联合形成文化景观，可以提高乡村旅游的吸引力。另外，乡村生态化旅游具有时间上的差异，例如想要体会采摘的乐趣，就要在农产品成熟的季节才能得以实现。旅游目的地自身的特色以及旅游产品的生产周期等方面对游客来访旅游的季节性会产生较为重大的影响。

三是具有体验性。乡村生态旅游为游客提供了走进乡村、亲近大自然，欣赏田园风光、探访民俗文化、体验山水乐趣、享受生态休闲的好去处，游客不但可以品尝当地美食，还可以直接参与农业生产，例如体验耕地、播种、采摘、捕捞、烧烤等活动，在体验活动中感受淳朴乡野的气息及乡村旅游的魅力。

四是具有教育性。乡村生态旅游注重乡村旅游规模的小型化，以提高游人的观光质量且不会对旅游生态环境造成负面的影响。随着绿色环保理念的倡导和传播，可持续发展思想逐渐深入人心，乡村生态旅游在给游客带来身心健康的同时，也具有启迪和教化的作用，让游客们在实际体验中领略生态旅游魅力的同时，更加热爱自然，有利于自然与文化资源的保护。

（二）农村经济的增长促进乡村生态旅游产品转型升级

随着农村经济的发展，乡村生态旅游已成为区域经济发展带动下的一种新兴产业集群，农村经济的发展是乡村生态旅游活动依存的重要基础，为乡村旅游产业的发展提供了强大的推动力。而随着农村经济的迅速发展、经济发展质量的提升，乡村旅游产业的体系结构、表现方式等也发生了深刻变化。

1. 农村经济的发展促进乡村生态旅游产业增长方式的转变

乡村旅游产业是一种劳动驱动型产业，乡村旅游经济的增长很大一部分是建立在对旅游资源消耗的基础上。乡村旅游产业发展规模的增大，使得环境遭到破坏、无数资源被消耗等，已成为制约乡村旅游产业发展的因素，因而乡村旅游产业的增长方式亟待转变。农村经济的发展对乡村旅游产品增长方式转变的推动作用一方面表现在对旅游产品生产能力的物化，促使旅游产品向高级化不断发展；另一方面表现在人们对乡村旅游认识的变化，促使乡村旅游资源的开发要以游客为导向，以对富有资源的发掘代替对稀缺资源的无限度利用。如今，乡村生态旅游产业增长方式的转变在很大程度上表现为乡村生态旅游与绿色农业经济发展相结合，该结合不但可以推进农村经济产业结构升级优化，还可以为乡村生态化旅游的发展提供物质保障，在一定程度上促进乡村生态旅游产品的转型升级。

2. 农村经济结构的优化推动乡村生态旅游产业结构的转型与升级

产业结构的两个变迁维度主要表现为产业结构合理化和产业结构高级化。农村经济结构的优化与乡村生态旅游产业结构的关系主要表现为：农村经济的发展推动国民收入结构的调整、供给能力或者物价水平的变化对乡村生态旅游产业结构产生影响、乡村生态旅游产业营业收入增量的发展改变旅游产业自身的构成比例。

农村经济结构的优化相继带动乡村运输业、餐饮业、加工业等其他行业的发展，从而为乡村生态旅游的发展提供更多便利条件与保障。

3. 农村经济发展质量的提升有利于促进乡村生态旅游产品功能的优化

乡村旅游产品的价值功能在很大程度上是通过游客的消费需求得以实现的。在农村经济发展的推动下，游客需求呈现多样化发展趋势，个性化需求显得尤为突出。以"食、住、行、游、购、娱"为代表的六要素传统旅游需求已不能满足游客对旅游产品品质的要求。因此乡村生态旅游产品要以绿色发展理念和保护农民利益为出发点，除了开发集乡村生态观光、果蔬采摘、农事体验为一体的乡村旅游产品外，还要打造集生态观光、休闲度假、健康养生于一体的乡村生态旅游集聚带，从而促进农村经济增长，带动景区群众增收。农村经济发展质量的提升为乡村生态旅游产品功能的优化奠定了基础，促进了乡村生态旅游产品的个性化与多元化发展。

4. 农村经济发展促进对乡村生态旅游认知的改变

乡村旅游主要是以村庄野外为空间，以人文无干扰、生态无破坏为特色而开展的旅游度假和休闲活动，目的是满足游客日益增长的休闲娱乐需要以及想要回归大自然的需求。农村经济的发展带动了乡村旅游行业的变革，促进人民生活水平的提高，使人们对旅游的认知与体验发生了较大的变化，如今乡村生态旅游已成为人们一种重要的生活需求，且旅游支出在家庭以及个人消费中的比重也越来越大。随着旅游扶贫产业的深入和推进，乡村旅游已成为大众选择旅游出行的一种新模式及旅游消费的新亮点，特别是民族地区旅游因其独具特色的民族文化内涵和特色而成为乡村旅游发展的内核和核心竞争力所在。一方面，乡村生态化旅游是满足游客精神文化需求的一种较高水平的旅游体验，而精神与物质资料的消费和享受比重的不断增加也是衡量农村经济发展的重要因素之一；另一方面，农村经济的发展为乡村生态旅游创造了更为有利的条件，促进人们对乡村生态旅游认知的改变，有利于加强农村环境保护力度，推进美丽乡村建设。

(三) 农村经济的增长促进乡村生态化旅游服务质量的提升

1. 农村经济的增长促进乡村旅游目的地质量的提升

农村经济的增长促进乡村旅游目的地质量的提升,首先体现在旅游基础设施的完善方面。农村经济增长的同时,乡村旅游基础设施的投入也将得到一定的改善,例如铁路、公路、水路以及乡村景区交通设施水平会得以提高,旅游安全设施、卫生设施、医疗设施和环保设施也将更加完善。其次,旅游公共服务得以加强。例如乡村旅游公共信息、咨询服务、应急处置、投诉处理、紧急救援、旅游保险等乡村旅游公共服务体系得以完善,道路、景区等设施的标识系统和景区解说系统也将不断完善。再次,农村经济的增长,使得农民收入得到提高,并有益于增强村民参与乡村旅游服务的意识,对推动乡村旅游生态环境保护型开发、旅游资源节约型经营管理、环境友好型消费以及对乡村旅游企业规范经营和打造良好的诚信经营环境起到积极的促进作用。最后,乡村旅游产品体系不断完善。农村经济的增长有利于乡村旅游产品科技含量的研发和提升,促进乡村生态休闲度假旅游产品、特色旅游产品的精品化和品牌化发展。

2. 农村经济的增长有利于促进乡村旅游企业服务质量的提升

农村经济的增长有利于促进乡村旅游企业服务质量的提升。第一,乡村旅游企业质量标准的完善、乡村旅游企业服务质量手册的编订,乡村旅游产品特色的强化等方面,都需要资金的支持,而农村经济的增长是该资金的重要来源。第二,乡村旅游企业在加强其质量管理和控制的过程中,需要建立符合企业特色的乡村生态旅游服务质量信息收集、处理以及反馈机制,从而有利于加强乡村旅游企业服务质量的评估和改进。第三,农村经济的增长在一定程度上促进了乡村旅游企业内部质量保证和外部质量保证相协调的乡村旅游企业质量保证机制的形成。从内部而言,在组织、人员、措施和制度等方面促进良好服务质量的形成。从外部而言,促进乡村企业旅游服务质量责任制的形成。第四,农村经济的增长对提高乡村旅游服务人员的素质起到提高作用。例如在乡村旅游企业人员的岗前培训、在岗培训以及脱产培训等方面提供资金支持，对建立和完善乡村旅游企业员工的薪酬机制、激励机制和保障机制以及稳定乡村企业人才队伍、加强骨干人才和后备人才的培养都起到积极的促进作用。

（四）农村经济的增长为乡村生态化旅游提供人才支撑

在乡村振兴战略的具体实施过程中，各地区还制定了乡村旅游人才培训项目，主要从采用对内培训和对外引进这两种方式。对内培训主要是对当地村民进行短期培训，使农民成为乡村旅游职业农民。对外引进主要是鼓励和支持农业龙头企业引进在旅游规划、设计、策划、营销品牌等方面的专业人才，成立乡村旅游人才智库，并鼓励大学生响应政府号召，回到农村就业和创业。农村经济的增长为乡村生态化旅游提供人才支撑，主要体现在三个方面：

第一，农村经济的增长有利于旅游新产业的形成，从而促进乡村生态旅游新产业人才的发展。发展乡村旅游新产业、新业态，培育乡村旅游农业新动能是乡村生态旅游发展的重要举措。

第二，农村经济增长对乡村文化保护与传承方面的人才培养起到积极的促进作用。乡村生态旅游主要以乡村自然风光、生态农业产业、乡村文化习俗以及乡村生态环境为吸引物，让游客充分领略农村乡野风光、了解风土人情、体验农业生产劳作，尽情感受回归大自然的情趣。在这一过程中，乡村文化习俗是乡村生态旅游的灵魂，而乡村生态旅游在很大程度上成为乡村文化习俗得以保护与传承的重要载体。由此可见，乡村生态旅游与乡村文化习俗紧密相连，乡村生态旅游借助乡村文化习俗彰显其旅游特色，乡村文化和传统民俗则通过乡村生态旅游这一形式得以保护与传承。在乡村振兴战略的具体实施中，乡村文化要得以保护与传承，就需要一大批专业性强的高素质旅游人才，乡村振兴植根文化，在于人才。

第三，农村经济的增长促进人才双向流动，有利于建立长效就业机制。乡村生态旅游发展，人才是关键，而农村经济增长打破了人才从乡村到城市的单向流动方式，促进了人才双向流动。一方面，农村经济的增长给农村带来了更多的发展机遇与挑战，在吸引村民返乡创新创业的同时，也吸引了更多有资本、技术和高素质的城市人口赴农村就业创业，这符合人才流动特点，并利于建立长效就业机制。另一方面，农村经济的增长，有助于提升农村就业的环境和待遇，有利于增强大学生回到家乡或者前往乡村就业创业的信心，积极鼓励和引导其就业创业。

综上所述，农村经济的增长为乡村生态化旅游发展提供物质保障，首先它可以为乡村生态化旅游提供足够的资金支持；其次可以完善基础设施的建设，还可以保护传统的风俗文化，帮助乡村生态化旅游宣传，推进其更好地发展。农村经济的增长促进乡村生态化旅游产品转型升级，促进乡村生态旅游产业增长方式的转变，同时农村经济结构的优化推动乡村生态旅游产业结构的转型与升级，农村经济发展质量的提升也有利于促进乡村生态旅游产品功能的优化，促进人们对乡村生态旅游认知的改变。农村经济的增长还促进乡村生态化旅游服务质量的提升，主要包括旅游目的地质量、旅游企业服务质量、旅游行业自律水平、游客旅游素质等方面的提升。农村经济的增长为乡村生态化旅游提供人才支撑，有利于旅游新产业的形成，从而促进乡村生态旅游新产业人才的发展，对乡村文化保护与传承方面的人才培养起到积极的推动作用，同时促进人才双向流动，有利于建立长效就业机制。

第五节　农村经济精英与乡村旅游发展

改革开放以来，一些有能力、有开拓精神的农民抓住历史机遇，通过外出就业、打工、经商等方式开阔了视野、更新了观念，成为农村先富起来的人。财富效应很快传递开去，人们渴望自己也能创造财富，改善生活条件。在这样的趋同效应下，先富起来的人成了村民心目中的能人，同时也拥有了影响村民行动的号召力。学术界将这部分能人定义为农村精英，即在某些方面拥有比一般村民更多优势资源，并利用资源取得了成功，为社区做出了贡献，从而使他们具有了某种权威，能够对其他成员乃至社区结构产生影响的人。根据农村精英在不同领域发挥作用的差异，可大致分为政治精英、经济精英和社会精英。政治精英主要是拥有公共权力，能通过手中的各种权力来影响村民的人；经济精英是指那些拥有创造财富所必需的人力、物力等资源，并依靠财富协调各种关系，对当地村民产生影响的人；社会精英主要是一些宗族人物、当地知识分子、传统文化传承人、传统社会公共事务的组织者，其言论、观点得到许多村民的拥戴。本节主要选取贵州部分典型乡村旅游地为样本，就农村经济精英与乡村旅游发展的动机及对乡村旅游发展的影响进行探讨和分析。

一、农村经济精英参与乡村旅游业的动机分析

心理学家发现，当人们产生某种需要时，心理上就会产生不安与紧张情绪，形成一种内在的驱动力。当个体权衡外部条件具有实现内在需求的可能性，并预期能获得满足内部需要的体验时，个体就会确定行动目标，并进行实现目标的活动以满足需要。需要满足后，焦虑紧张的情绪就会消除，然后又有新的需要产生，再引起新的行为，这样周而复始，循环往复。可见，人的行为动机是由主观需要与外部条件共同决定的。农村经济精英参与乡村旅游开发的行为背后存在着的动机，必然与其内心的需要密不可分。当外部条件存在着一定程度的同一性时，不同的需求造就的动机将出现差异性。以动机的形成理论来分析乡村旅游的参与性，可以知道农村精英参与乡村旅游的目的、参与方式，对社区资源的珍惜保护程度，对村民利益的重视程度等方面存在异质性特征。对其进行探索，可从一个侧面揭示地方精英参与对乡村旅游业可持续发展的影响。在文献研究和对乡村旅游地经济精英进行深入访谈的基础上，他们的动机可大致归纳如下：

(一) 获取经济利益的驱动

贵州属于欠开发、欠发达的西部省份之一，农村劳动力过剩，人均耕地少。实践证明，在西部民族贫困地区实施旅游扶贫是一种比较现实的做法，因为获取经济利益是经济精英参与乡村旅游发展的原动力。贵定音寨布依风情旅游村的农户告诉我们，农村人朴实、勤劳，对于提供力气活是不会计较的，他们缺的是资金以及技术支持。而以自身的生活、生产场景作为旅游资源，在从事传统农业劳动之余利用自己种的果蔬、养殖的鸡鸭、酿造的米酒开办农家乐以赚取利润，对于长期在贫困中挣扎的农村人来说，这是旅游业带动传统农业转型带来的最大实惠，也是本民族独特的传统文化和良好的自然生态环境资本化的最佳选择。在经济利益驱动下，作为有一定积蓄和社会人脉资源的乡村经济精英当然也希望在蓬勃发展的乡村旅游热潮中通过参与乡村旅游开发与经营获得一定的经济收益。

(二) 实现自我价值的驱动

在农村经济精英中还存在着这样一部分人，他们把带领村民脱贫致富、改善社区生活环境、传承本民族文化作为实现自我人生价值的目标，甚至不惜牺牲个人的经济利益。虽然这一部分人在农村社区中数量并不多，而且在很多时候人们对他们的一心为公、不计较个人得失的行为总是打上许多的问号，并凭着自己的生活经验来妄加揣测这种行为背后的真正动机。但是作为地方经济精英，如果凭着造福一方的理想抱负和实际的赚钱能力，在参与乡村旅游业的过程中得到社会的承认与接纳，用自己的聪明才智为社会创造财富，使社区大部分人的生活得以改观。西江苗寨的经济精英李真在自身成长的同时带领周边村民脱贫致富，给周围邻居传授农家乐经营的经验。当被问到如果周围邻居的农家乐发展起来后是否会增大竞争的压力时，李真的回答出乎意料："农家乐多了当然会有竞争和压力，一则我不害怕竞争，二则都是西江苗寨的姐妹同胞，大家都有出路我很开心，人活着不能只为了钱。"这种超越金钱的自我价值实现的感觉在李真的话语中体现得淋漓尽致。

二、农村经济精英对乡村旅游业的影响

（一）提高了乡村旅游业的市场化运作程度，使资源得到合理有效利用

乡村旅游就是将乡村的生活场景、自然风光、民俗文化作为吸引游客的核心因素，这些吸引力要素的特色是旅游业持续发展的灵魂。如果没有特色、缺乏文化底蕴往往会被其他乡村旅游景点所替代，可见乡村旅游业的主要卖点是建立在城市与乡村生活场景、生活方式异质化基础之上的文化习俗风物的独特性与不可复制性。但是资源层面的吸引要素是不能直接面向市场的，旅游业是一种经济性产业，它的经济特性要求乡村旅游发展必须进行市场化运作，使乡村旅游建立在产业化的平台上，这样乡村资源才能得到合理有效的利用，为社区居民带来各方面的效益。但市场是一个牵涉到社会经济各个方面的复杂系统，大部分乡村居民都没有参与市场竞争的意识、经验和能力。因此除了当地政府的引导，乡村经济精英的参与就有了特殊的意义。乡村精英过往的成功经验、闯荡市场时得到的见识、自己多年甚至几代人积累下来的人脉资源，使他们成为乡村旅游地与外界市场之间最好的衔接主体。他们知道外界需要什么，了解乡村可以提供什么，还了解进行怎样的操作才能产生效益。所以乡村经济精英的参与，决定了乡村旅游业的基本轮廓，并成为乡村社区其他居民效仿的对象。在乡村经济精英的参与和带动下，乡村旅游就走向了市场化运作的轨道。另外，乡村旅游发展中一个较为常见的现象是，拥有较强经济实力及各种有利资源、善于学习与借鉴别人致富经验与经营管理思路、善于发现和利用好政府的政策支持、同时自信拥有本土居民及其他精英支持（或者至少不反对）的农村经济精英参与乡村旅游业后，把自己的企业做大做强，成为引领当地乡村旅游发展的主体企业，构建了当地旅游业最主要的市场化运作平台，对当地经济、社会、环境的发展起到了举足轻重的作用。由此可见，开发具有竞

争力的乡村旅游品牌，并使其成为带动一方经济发展的引擎，不能仅停留在对资源层面的认识之上，而要建立起较为完整的、能够合理有效地利用资源的产业体系，这个体系完全是与市场衔接的。离开农村经济精英的参与，要建立一个符合市场规律的乡村旅游业产业化运作体系是难以想象的。

（二）提高了乡村旅游从业人员素质，促进了乡村旅游的快速、健康、规范发展

原生态特色是乡村旅游最重要的特点，是保持对城市游客吸引力的魅力之所在。但在旅游接待服务环节，除了适当地加入一些地方文化元素以外，更强调的是规范、标准。因为来到乡村的游客想体验不同的生活方式，感受异质文化，满足其追新逐异心理，但同时又对自己已经认可的卫生习惯、服务方式习以为常。也就是说，游客本能地以自己的生活习惯来要求他所向往的服务，并以此作为评价的标准。因此，规范化的服务一定要贯彻到乡村旅游产业环节中，否则低劣粗糙的服务将彻底毁坏乡村旅游的形象，乡村旅游的可持续发展也就无从谈起。但基于农村文化教育的现实情况，一线旅游服务从业人员素质普遍偏低，因此必须对旅游服务人员在服务接待方面进行正规培训，以提高服务技能和服务质量。在参与乡村旅游业的人群中，最先接受这种意识的常常是当地的经济精英，他们能及时捕捉市场动向，掌握现代人的服务需求，具备一定的现代服务意识。他们在包装与宣传旅游地形象的同时，也积极地提升自我管理水平和服务质量。在有条件的情况下，他们会采取积极行动来实现乡村旅游服务的规范化：一是自己言传身教对参与服务的人员进行教育，并设置规范化的服务标准，通过现场管理来保障一定程度的服务质量；二是通过各种对外的沟通渠道，响应政府的相关政策，援引外来的培训项目对员工实施培训教育；三是在条件允许的情况下，这些精英承担费用为自己的员工（甚至还没有成为员工的乡村社区居民）提供去外地学习进修的机会，不断提高乡村旅游服务人员的综合素质和服务意识。在这些乡村精英的带动下，村民的文明程度、服务意识不断增强，这使得愿意学习文化和服务技能的人越来越多，促进了乡村旅游健

（三）避免飞地效应，有利于乡村旅游可持续发展

在乡村旅游开发中，"飞地现象"是一种常见的现象。"旅游飞地"是指旅游或休闲活动空间虽然依托于乡村社区的土地和资源，但与社区主要地域单元相分离，成为旅游直接经营者的特区。换言之，旅游发展与当地社区发展的关联度小、连带作用弱，旅游的乘数效应大打折扣，甚至有可能造成当地资源的"低价出售"，甚至为微小经济所得而支付环境、社会、文化上的高昂代价。而在乡村旅游开发中，乡村经济精英一般都有一定的经济基础、社会关系、管理能力，在乡村旅游业需要资金、政策支持时，他们有能力与意识去参与竞争、筹划、管理，一定程度上可以避免因资金不足、管理欠缺而将当地旅游资源全权授予外来经营者，导致凭借资金获得开发权的外地投资者不顾及当地生态环境与旅游承载能力过度开发，以牺牲环境、文化为代价换取利润，造成旅游收入严重"漏损"的现象。不仅如此，经济精英作为当地社区成员参与旅游开发，迅速获取利益的欲望明显弱于外来经营者，他们不仅关注旅游业带来的经济效益，而且关注当地社会效益、文化传承等事宜。除此之外，还可以发挥其典型示范作用，引领村民转变观念、调整产业结构，延伸旅游产业链条，通过发展运输、娱乐、餐饮、住宿、购物等综合服务的乡村旅游拓宽农民增收渠道，以旅助农促进农村的经济发展，促进社会和谐稳定，保障和改善民生，最终实现乡村旅游业的可持续发展。

农村经济精英在国家实施旅游扶贫政策的引领下，积极参与到乡村旅游开发中来，为旅游扶贫作出了贡献。农村经济精英的形成既是其鲜明的人格特点使然，又与中国特殊的乡村社会环境相联系，是社会经济发展到一定时期的必然产物。在乡村旅游兴起的大背景下，农村经济精英的参与对社区经济、社会、文化、环境的发展起着积极的推动作用，对乡村旅行社区的发展进步有着不可低估的影响力。鼓励和引导农村经济精英肩负起推动乡村旅游业可持续发展的使命，需要在观念和体制上进一步探索，也需要给予他们更多的关注。

第六节　乡村生态化旅游对农村经济贡献率的对策与保障措施

一、乡村生态化旅游对农村经济贡献率的对策

(一) 发挥资源优势，实现产品升级

通常乡村旅游都会受到季节的影响，为解决这一问题，就要进行产品升级，缩小旅游旺季与淡季的差异，增加收益。首先要升级乡村旅游产品，杜绝外界因素对其的影响，抓住游客心理，掌握消费理念，使整个乡村生态化旅游体系在实践过程中逐渐完善，并在竞争激烈的旅游市场中脱颖而出，形成一个相对完善的体系。我国疆域辽阔，不同乡村地区都有不同的自然资源与生态环境，因此在乡村旅游开发中要求同存异，结合各个区域的特点，进行具有针对性的旅游产品开发。乡村旅游产品包括四种类型。第一种类型以休闲游览为主，欣赏优美的乡村环境，贴近大自然，融入大自然，是一种原生态的休闲旅游产品。第二种类型有一定的约束性，多以名人故居为主，是能够在旅游的过程中丰富知识的一款旅游产品。第三种类型以体验与保健为主，参与性很强，游客可以借此机会进行农事劳动的体验，其中包括种植、垂钓、放牧等。还可以开发一些保健活动，使乡村生态化旅游的养生性得到提高。第四种类型以户外活动与极限运动为主，目前真人 CS、漂流、攀岩等都是备受欢迎的项目。这类旅游产品的开发一定要注意保护措施的完善，使游客放心参加各项活动。乡村生态化旅游的开发与建设可以根据游客的需求和市场特点，适当增加一些具有互动性的活动，使乡村旅游产品更贴近自然、更具特色、更有观光价值，为游客提供更好的体验，同时促进消费，使当地村民的经济收入得到提高。很多游客来到乡村旅游，不仅仅是为了观赏美丽的自然景观，也是借此机会使疲惫的身心得到放松，缓解城市生活带来的压力。各式各样的活动能让游客体验到收获的

喜悦，改变他们原有的生活方式。如一些特色的种植园，能够为游客提供采摘、观赏等活动，还可以根据季节的不同使游客感受从耕种到收获的过程，加强游客农村生活体验的真实性，同时种植园的绿色农产品可以进行销售，使相关收益有所增加。

（二）催生新型农民，促进农村就业

随着乡村生态化旅游的发展，越来越多的农民参与到旅游工作中，解决了巨大的就业压力，使当地村民获得稳定的经济来源。这种情况下当地劳动力一分为二，一种身份是农民，另一种身份是旅游服务者。这两种身份会结合乡村旅游行业以及农业的需求进行角色转换，由于乡村旅游行业涉及的范围较广，就业的村民年龄也各不相同，这种角色的转换对农民自身也提出了一定要求，有效催生了新型农民的出现。社会经济结构的不断改变，使农村不再只依靠农业来获取利益，同时随着科学技术的发展，很多机械能够代替人工进行农事作业，不但节省了人力，也提高了效率。在这种情况下，农业劳动所需的人员越来越少，很多村民面临着无事可做的隐形失业状态，即拥有土地的农民，相关部门不会将其划为失业的范畴。基于这一现状，农村更多的年轻人愿意到周边城市打工，长此以往会使农村劳动力大量流失，农闲时期甚至还会出现空心村的现象。因此，促进农村的第二产业发展是一项非常重要的工作。

（三）挖掘民族特色，打造品牌形象

乡村生态化旅游若想持续发展，一定要积极与当地旅行社以及周边景点进行合作，打造完整的乡村旅游体系，并通过使用一些营销策略，使其在激烈的竞争中处于不败地位。乡村生态旅游的宣传最重要的还是对当地民族特色的挖掘与自身品牌的打造，应根据乡村独有的特色资源与民俗文化进行大力建设，并采用多种方式进行宣传。由于乡村地区的资金投入有限，也可寻求当地政府与相关借贷部门的帮助。

不同乡村地区的宣传重点与宣传方式也有所不同。在网络逐渐普及的今天，网络上的乡村生态化旅游品牌建设是重要的宣传工作之一。网络营销要在最大程度上吸人眼球，树立环保绿色为主的乡村旅游形象，使游客数量得到增加。除此之外，还要明确乡村区域范围内所有的独特自然资源、原始生态景观以及特色文化，将这些优势合理利用，开发别具一格的旅游项目，打造出自身品牌。

我国历史悠久，许多城市都有着自己独特的历史与人文气息，很多乡村也是这样。在国民经济不断提高的今天，有的乡村地区成为社会主义新农村建设的试验点，通过乡村旅游行业的发展，使当地经济水平得到很大提高。如滦平县某乡村以农业作为主要经济来源，在当地政府的指引与帮助下，开发了特色蔬菜种植项目，并鼓励村民积极参与到乡村生态化旅游的开发工作中，打造该乡村的特色品牌，从而成为承德一带最火爆的乡村旅游景点。在全国各地像滦平县中这样的乡村很多，他们在发展农业的同时，建设了集观光、体验、休闲为一体的乡村生态化旅游区域。在建设过程中，不但使当地农村经济得到提高，还会带动周边许多产业的发展，达到了合作共赢的目的。

（四）坚持生态优先，发展乡村旅游

乡村旅游给农村经济的发展提供了源源不断的动力，但要尽量避免乡村生态化旅游的商业化、同质化以及对乡村环境造成的污染，这些现象对乡村旅游的发展都十分不利。很多地区在乡村旅游的建设过程中，对资源一味开发，出现许多生活垃圾，若这些垃圾不能够合理处理，则会对自然环境造成极大的破坏。另外乡村环境在超负荷的情况下进行开发，最终生态系统将全面瘫痪。而过分追求利益必然会使乡村生态化旅游越来越商业化，忽略了乡村旅游的最初目的。对资源无节制开发与利用，会使一些不可再生资源无法继续服务于乡村旅游，过度的商业化也会对当地的民风民俗传统文化造成冲击，使乡村生态化旅游失去其独特的优势，对其持续发展产生许多不良影响。要使乡村生态环境与乡村旅游共同发展，最重要的是要对当地景点与自然资源进行合理保护，同时在发展乡村生态化旅游的过程中要坚持生态优先，从开发工作中的点点滴滴做起。

在乡村生态化旅游漫长的发展过程中，很多投资者认为乡村旅游是将娱乐方式从城市搬到农村，并没有看清乡村旅游的本质。但事实上，乡村旅游的最初阶段就是以生态化为主，在旅游的开发过程中对乡村环境起到一定的保护作用。乡村旅游包含的范围十分广泛，它不只包括与农业相关的体验活动，还包括对大自然的了解、对生态环境的重新认识，一些参与性较强的活动在丰富旅行内容的同时也具有很大的教育意义。游客能够在游玩过程中体会当地风土人情，获得全新的体验。我国学者曾经对乡村生态化旅游目前存在的问题进行分析，认为绝大多数都是因为开发者与相关工作者对乡村生态化旅游的认识不充分，生态观念薄弱。乡村旅游的突出问题，就是环境保护问题，想要使自然、乡村旅游、利益相关者和谐发展，就要从环保意识与人文观念入手，做好协调工作。

（五）促进社区参与，实施可持续发展

乡村生态化旅游的发展对人们生活造成了巨大影响，其中不但包括环境影响，还包括文化影响，这些影响有正面也有负面。利益相关者只有认清青山绿水是乡村旅游发展基础的事实，才能更好地对资源与环境进行保护。若想使乡村生态化旅游得到发展，还要注重基础设施的完善，其中包括乡村的住宿环境、饮食卫生、医疗条件、交通条件等。基础设施的建设不但方便了游客，也为乡村发展提供了物质保障。因此，在乡村生态旅游建设过程中，需要社区与当地村民共同参与。首先要参与乡村旅游的规划与开发工作，作为乡村的主人发表自己的观点。其次在建设与发展过程中，社区与村民也要肩负起环境保护和文化保护的重要责任，因为这片土地是他们赖以生存的家园，他们是自然资源与当地文化的继承者。在生态化旅游逐渐发展的过程中，社区要参与管控与教育的工作中，无论是相关管理部门，开发商还是当地村民，都要具有强烈的环保意识、服务意识与创新意识，只有这样才能够保证乡村生态化旅游的持续稳定发展。

二、乡村生态化旅游对农村经济贡献率的保障措施

（一）完善乡村生态化旅游的制度保障

1. 完善管理体系和规章制度

乡村生态化旅游是以农村资源为基础，通过开发农村地区特有的自然资源或自然文化吸引各地游客，针对消费者的休闲、旅游、观光等需

求制定方案，创新管理制度，理清乡村生态化旅游管理体制，合理利用自然资源。乡村生态化旅游随着社会的发展而变化，与时俱进。许多旅游企业管理下属部门较多，协调能力相对较差，宏观调控和监督管理存在一定难度，容易造成管理上的混乱，管理权和使用权不明确，概念不清晰，缺乏对旅游资源开发的科学规划和市场观念。如果各个因素不能协调发展，且没有相应的规章制度，很容易在管理上出现漏洞，也会出现级别越权或推卸责任等现象，严重影响农村经济的发展。乡村生态化旅游管理制度的缺乏，会导致整个市场秩序紊乱，因为管理制度不到位会造成公共设施损坏、环境破坏、为消费者提供的服务差等不良现象，使乡村生态化旅游遭受很大损失。因此完善管理体系和规章制度，才能使乡村生态化旅游可持续发展。

2. 完善乡村生态化旅游规划制度

对乡村土地进行正确的规划与合理的开发利用，可以为乡村生态化旅游的发展指明方向，避免发生自然资源过度开发、破坏和浪费等现象，也有利于制定生态功能区规划方案、土地合理利用规划方案、交通便利规划方案。只有合理利用水、电、煤气、交通等生活条件，并将基础设施规划建设好，才能推动乡村生态化旅游业的发展。在乡村生态化旅游规划中，要把乡村的餐饮、住宿、公共场所、停车场等各项配套设施与新农村的基础设施建设、公共设施建设相融合，打造整洁卫生、干净舒适的旅游环境，展现良好的村容村貌，促进乡村生态化旅游的健康迅速发展。舒适的生活环境、便捷的交通条件、整洁的村容村貌，是乡村生态化旅游发展的重要保障。

（二）完善乡村生态化旅游的经济保障

乡村生态化旅游的迅速发展，带动了农村经济的增长，通过"农家乐""休闲度假村""景点观光"等旅游项目，使农村的经济实力有了极大的提高，农村地区的基础建设也有了很大改善，乡村生态化旅游在增加农村经济收入中起到了很大的作用，促进了新农村与城乡建设齐头并进的发展趋势。

目前城市和农村之间还存在一定差距，乡村生态化旅游模式也面临着巨大压力。加快乡村生态化旅游发展是提高农村经济水平的关键，我们必须在乡村生态化旅游和谐发展的前提下，带动农村经济发展。在乡村生态化旅游产业中，满足消费者的基本需求，是乡村生态化旅游发展的关键。现阶段乡村生态化旅游还存在很多不完善因素，如产业链不完整、旅游产品单一、服务体系未建立等问题，使得农村经济发展较慢。想解决这些问题，需要创新发展理念，多渠道营销，构建乡村生态化旅游经济体系。

（三）完善乡村生态化旅游的法律保障

1. 加强生态环境法律保护

生态环境对乡村生态化旅游的发展有很大的推动作用，比如气候调节、水源滋养、土壤改良、维持生物多样性等，这些都能提高乡村生态化旅游对游客的吸引力，促进乡村生态化旅游的持续发展。生态环境保护就是要维护生态系统平衡，提升生态环境质量，加强生态工程建设，保持水土平衡，提高森林质量和覆盖率，加强环境整治，建设生态保护林和绿色通道。而加强环境污染整治工作，重点是整治工业水源和大气污染，深化农村环境综合治理工作，加大环境保护监管力度，提升乡村人民对生态环境保护的素养和意识。根据土地和水资源的利用情况，可以建设新型节能、节水等设施，开发风能、太阳能等可再生资源，提高生态资源的利用率，例如可以在乡村生态化旅游景点建造风能、太阳能路灯，节约资源的同时，也能提高乡村生态化旅游的技术含量。这些举措都需要法律的制定来推动实施。

2. 加强历史文化法律保护

为了彰显乡村生态化旅游地的特色，开发商会尽可能地挖掘各种生态文化和地方风俗，因此要加大法律对古文化的保护力度，在挖掘的同时不产生破坏，实行保护性开发制度，保留原有的自然生态，建立长效的物质文化保护机制，引导和鼓励人们对民间艺术的传承和发扬。还要保护乡村生态化旅游地景观的完整，禁止人为破坏行为，加大监督力度，必要时采取法律手段。

3. 增强环保意识，强化法治观念

乡村生态化旅游作为发展产业，已经对环境造成积累性的破坏，因此乡村生态化旅游一定要加强对环境的立法及管理，要严格遵守旅游相关的环境保护法律和法规，并针对旅游业对环境的影响持续性、累积性、潜在性的特点，完善相关规定。如增加针对乡村生态化旅游环境保护的税收，以用于修复破坏的环境等。地方政府及乡村生态化旅游主管监督部门应严格贯彻落实相关法律法规，增强法律观念，比如要想开发生态保护区，必须依据环境保护法规，严格规定哪些地区可以开发，哪些地区禁止开发，以及可以开发的地区规模大小、开放季节和可以接待的人数要求等。还要明文规定哪些区域严禁携带火种，严禁狩猎和破坏花草树木，严禁丢弃个人生活用品和垃圾。对故意破坏生态资源的人，加大执法力度，让他承担相应的民事和刑事责任。此外，我国在乡村生态旅游的发展规划和环境保护教育方面相对较弱，乡村生态旅游大多以争取利益为目的，因此很多旅游场所急于营业，从未实施任何环境保护措施。而且在很多旅游景点，没有任何宣传栏等设施来强调环境保护意识，导游在解说中也忽略了对环境保护的重要性和做法的宣传，还有大多数从事旅游事业的人员并未受过自然资源保护和道德意识的培训。因此，我们在发展乡村生态化旅游业同时，应当树立生态资源保护意识，加强这方面的教育，对游客的行为严格规范。

总之，乡村生态化旅游在为游客提供休闲娱乐的同时，也希望所有人都能做到对生态资源和环境的保护。做到生态化资源促进乡村旅游的发展，乡村旅游保护生态化资源，二者相互促进，共同进步，才能实现乡村生态化旅游业的持续发展，达到持续增加农村经济收入的目的。

第四章 贵州农业特色产业发展研究

第一节 特色农业基础理论

一、特色农业的概念及特点

特色农业是指充分利用经济区域各种区位优势，在全国经济地理分工的基础上形成的面向市场的有区域特色的农业。为了准确地理解特色农业这个概念，必须把握它的如下特点。

第一，区域性。一定的区域范围是特色农业存在的前提，特色农业是一定区域范围内的特色农业。

第二，相对性。由于经济区域有大小之分，一个大的经济区域可以包括若干较小的经济区域，较大经济区域有其特色农业，较小经济区域也有其特色农业，它们可能相同，也可能不同。如粮食大省的粮食种植业为其特色农业，该省内的各个地区，可以是其特色农业粮食种植业，也可以是其他特色种植业。因而从这个意义上讲，特色农业具有相对性的特点。

第三，优势性。一个经济区域的特色农业，必须充分利用其区域优势，在优势的基础上发展起来。因而特色农业在该经济区域范围内，无论是就业比重还是产值比重都应该较大。同时与其他区域相比较，该区域该行业的就业比重和产值比重都应相对较高，只有这样，才能显示出农业特色来。

第四，外向性。特色农业是充分利用区域优势，在区际分工的基础上发展起来的，因而区域之间必须加强横向联系和经济技术合作，利用内外两方面的资源，面向内外两个市场。所以，特色农业应该立足于区域优势，面向内外市场，从而承担国家一定的经济建设任务，具有外向性的特点。

第五，群体性。特色农业不应是单独的个别产业部门，而是以某些优势为基础，培植一个主导部门，并以该主导部门为中心，利用其前后的联系，发展多个产业部门。如农业大省可以粮食种植为中心，实行农工商、产供销一体化经营，形成以种植业为主导产业的特色产业群体。

二、特色农业与区际差异

特色农业的形成是建立在区际差异基础上的。区际差异即经济区域之间的差异，包括资源赋存差异、历史基础差异、产业结构差异等内容。而经济区域是指人类的经济活动所造就的、具有特定的地域构成要素的、不可无限分割的区域经济综合体。一个完整的经济区域由经济中心、经济腹地和经济网络三大要素构成，并且三大要素是经济区域形成的必要条件，缺一不可。任何一个经济区域在其经济发展（区域经济发展）过程中，都有资源禀赋、历史基础、生产要素、产业结构等方面的特殊性，区域之间显示出巨大的差异性。具体来讲包括以下五个方面：

（一）自然资源差异

自然资源是指存在于自然环境中的、人类能够直接获得并利用于生产和生活的物质与能量的总和。它包括土地、气候、水、生物和能矿等资源，是人类赖以生产、生活的物质基础。它既是劳动资料和劳动对象的组成部分，又是决定生产力水平的客观条件。自然资源在不同经济区域之间的赋存是不同的，如长江中游平原土地、气候等资源极为丰富，但能矿资源极为贫乏；西部地区能矿资源丰富，但土地、气候等资源却严重不足；东北三省农业自然资源条件相对较好；西南三省工业能矿资源却相对丰富。

在我国现行经济体制条件下，经济区域在很大程度上同行政区域是重合的，即一个省级行政区域就是一个省级经济区域。各省、市、区之间的基本资源赋存差异是非常大的。

（二）人文资源差异

人文资源是个内涵极为丰富的概念，只能大致描述其所包含的内容：①社会关系，如阶级阶层结构、民族宗教关系、政党群团状况、家庭婚姻关系等；②政治状况，如政治体制特点、政局特定状况、党派关系及政治理论等；③传统观念，如价值观念、道德准则、民族心理因素等；④国民品质，如理想、信仰、信心、毅力、意志、荣誉感、献身精神、兴趣爱好等。不同经济区域之间人文资源差异虽不像自然资源差异那么明显，但仍然是客观存在的。

（三）历史基础差异

不同经济区域间的经济发展水平差异是一个历史过程，在我国经济发展的历史上，不同经济区域之间的差距早已存在。北宋以前黄河流域曾是我国经济发展水平最高的地区。从南宋到近代，大致形成了东部高于西部、南方高于北方的经济发展水平格局。另外经济发展具有累积效应，过去的经济发展状况是现在的原因，现在的经济发展状况又是未来的原因。鉴于经济差距势必影响未来的发展，我国政府实施了西部大开发战略，把减小东西部差距作为一项重要的战略目标，学术界对这个问题也进行了集中研究。

（四）生产要素差异

生产要素是人类生产过程中必不可少的一种经济要素，包括劳动力、资本和技术三个方面，它是人类经济再生产和自然再生产的结果。不同经济区域之间要素赋存是有差异的。从劳动力要素来看，我国东部地区人口密度大，西部虽比东部低，但仍高于世界平均水平。一般而言，衡量劳动力要素丰富与否的关键在于质量，而教育是提高劳动力质量最直接的手段。[1]

---

[1] 社会发展指标与评价课题组. 我国教育发展水平的地区比较 [J] 管理世界，1990（5）。

资本在社会经济发展中具有重要作用，一般来说，资本积累量的大小是经济增长率高低的关键。反映不同经济区域资本赋存状况的指标有两个，即资本存量和资本形成能力。我国东部地区由于经济发展的历史基础较好，改革开放政策实施后，国家又给予了大量投资，资本存量明显大于西部省区；同时，东部沿海省市教育发展水平高于西部地区，科技水平较高，资本的自我积累力较强，使用效益相对较高，从而使东部地区资本形成能力优于西部地区。

（五）产业结构差异

产业结构是指产业间质的关系和量的比例，一般以三次产业间的比例关系作为衡量产业结构状况的尺度。由于我国是一个传统的农业国，第一次产业就业比重和产值比重在三大产业中一直很高，因此，分析第一次产业的就业比重和产值比重对分析三大产业结构具有重要意义。

不同的经济区域在经济发展的条件方面存在着差异。正是这些差异，使得经济发展不平衡。一些经济区域在发展某些产业方面具有优势，另一些区域在发展其他产业方面具有优势。

三、特色农业与区域优势

每个经济区域都有发展自己区域经济的优势和劣势，所以每个经济区域在发展区域经济的过程中，必须找出自己的优势和劣势，才能以己之长补己之短，促进区域经济快速发展。

根据前面对于区域差异的分析，大致可以将一个具体的经济区域优势分为以下四类。

（一）资源优势

这里所说的资源，指在近期内人类可利用于生产或者对人类生产活动有客观影响的自然、人文因素的总和。根据这个定义，有以下几点需要说明：

1. 并不是所有的资源存量都可以称为资源优势。比如这样几种情况只能称为潜在资源优势：①尽管存量大，但目前不具备开发利用的技术条件；②存量大，质量低，开发利用的经济效益不好；③存量相对较大，质量相对较好，但无绝对优势且相对优势也不足；④地理区位条件不好，开发利用的交通运输条件不具备；⑤尽管存量大，开发条件好，经济效益也高，但在国家客观布局中，短期内有效需求不足。因此，本文说资源优势是指在短时间内，在现有经济、技术和国家宏观布局条件下，可利用的现实的资源优势。

2. 资源优势除自然资源外，还包括影响人类生产活动的人文资源。从宏观来看，我国东部、南部具有农业资源优势，西部、北部具有工业资源优势。从微观来看，四川、山东、云南、广西、湖南等省区具有水资源优势；山西、内蒙古、陕西、贵州、宁夏等省区具有能源资源优势；辽宁、四川、河北、湖北、山西等省区具有矿产资源优势；内蒙古、四川、黑龙江、青海、云南等省区具有土地资源优势；广大的东部省市具有人文资源优势。[①]

（二）发展基础优势

发展基础，除了指历史上的经济发展差距外，更重要的是指现有经济发展水平，主要包括劳动力、资本和技术状况。

一个经济区域内现有的经济发展水平对未来的经济发展具有重要意义。迈克尔曾指出，在市场机制发生作用的条件下，一旦地区间的发展水平和发展条件出现了差距，条件好而且发展快的地区，就会在发展过程中不断为自己积累有利因素，从而进一步遏制困难地区的经济发展，使得困难地区经济发展的不利因素越积越多，日益恶化。这说明发展基础越差，受落后、贫困的影响越大，经济发展阻力越大。相反，发展基础越好，越有条件更快地发展。

发展基础优势包括内容较多，具体到一个经济区域可包括下面几个

---

① 张荣天，张小林，陆建飞，等. 我国乡村转型发展时空分异格局与影响机制分析［J］. 人文地理，2021（3）：138—147.

方面：当今发展水平优势、劳动力优势、资本优势和技术优势。这四个优势往往相互关联，只要有一个优势，其他三个优势就不可能落后许多。在区域经济发展实践中，只要具备了其中的一个优势，就可在一定程度上推动经济的发展。

(三) 产业结构优势

一个经济区域内产业结构合理，这个经济区域就具备了产业结构优势，能推动经济快速发展。衡量一个经济区域产业结构是否合理，需要考虑产业结构是否充分利用了该区域的优势资源；产业结构是否有利于先进科学技术和管理经验的采用；产业结构是不是外向的；产业结构是否具备较高的综合经济效益；产业结构是否与消费结构一致。若答案肯定，则该产业结构具有优势。

我国地域辽阔，区际差异大，因此表现在产业结构优势上也各自不同，如北京、上海、广东、辽宁等省市发展基础较好，技术力量雄厚，有产业结构的技术优势；而山西、内蒙古、云南等省区则有产业结构的能矿资源优势。

(四) 政策优势

政策优势包括三方面的内容：一是国家对某一经济区域的特殊优惠政策；二是国家的宏观布局政策；三是国家的产业倾斜政策。

总之，不同的经济区域具备的发展区域经济的优势是不同的。在市场经济体制下，各个经济区域都必须充分利用自己的优势，回避劣势，形成不同经济区域的分工和合作，促进经济的共同快速发展。

四、特色农业与区际分工

区际分工是指区域间在生产上的专业化分工，它建立在经济区域优势和产业布局指向性原理基础上，是经济区域优势和产业布局指向性原理的客观需要。

(一) 产业布局指向性原理

任何产业部门在布局上都必须满足某些特定的条件，如在某经济区域建设一家工厂时,必须充分考虑到厂址在未来能否获得较廉价的原料、劳动力,能否有效地建立起各种协作关系,能否保证获得足够的销售市场和建厂所必需的水、电、土地等基础设施。事实上,并不是所有的地方都具备这些条件,因此形成了产业布局的特定指向性要求。大致说来,产业布局指向性可分为:

(1)原料地指向,即产业部门应分布在原料丰富的地区。如采矿业、农产品加工业等,它们的制成品重量小于原料重量,能够大大节约运费。

(2)能源地指向,即产业部门应分布在能源丰富的地区。高能耗企业应采用这种布局方式。

(3)市场地指向,即产业部门应分布在消费市场附近,如某些运输困难产品、易腐食品等宜采用这种布局方式。这样既能克服运输困难,节约运费,又能保证产品的新鲜,并能及时了解市场行情。

(4)劳动力指向,即产业部门分布在劳动力资源丰富的地区,劳动密集型产业部门应采用这种布局方式,如纺织企业等。

(5)资本指向,即产业部门应分布在资本雄厚的地区,资本密集型产业部门应采用这种布局方式。

(6)技术指向,即产业部门应分布在技术发达的地区,技术密集型产业部门应采用这种布局方式。

(7)国家宏观政策指向,即某些产业部门只能分布在国家宏观政策允许或者支持地区,如环境污染严重的产业部门不能分布在大城市或者特大城市等。

(8)其他特殊指向。如水质指向,酿酒工业只能分布在水质优良的某些特定地区;港口指向,出口加工企业只能分布在对外交通极为便利的海港和内河港口等等。

(二)马克思主义的区际分工理论

马克思在《资本论》中指出:"同一个生产部门,根据其原料的不同,根据同一种原料可能具有的不同形式,而分成不同的有时是崭新的工场手工业。"并且，"把一定生产部门固定在国家一定地区的地域分工，由于利用各种特点的工场手工业生产的出现，获得了新的推动力。"列宁对于区际分工理论的发展也作出了突出贡献，其基本观点是：①区际分工的基本特征是专业化生产的出现，即"各个地区专门生产某种产品，有时是某一类产品甚至是产品的某一部分。"[①] ②区际分工是不同地区、不同国家普遍存在的现象，"地域的分工并不是我国工业的特点，而是工场手工业（包括俄国和其他国家）的特点：小手工业没有造成这样广大的地区，而工厂却破坏了这种地区的闭塞性，促使作坊和大批工人迁移到别的地方。"[②]

总之，在区际差异及其区域优势的基础上，由于产业布局指向性原理的作用，使得区域分工成为客观必要。反过来，区际分工又促成了各个经济区域特色农业的形成。

五、发展特色农业的必然性

在当前开放性市场经济条件下，培植特色农业十分必要：其一，形成若干各具特色的区域经济，是我国未来一段时间内国民经济和社会发展的一个重要的战略任务。能否形成有特色的区域经济，关键在于能否形成一批有区域特色的特色产业。区域经济的特色只能通过产业体现出来，离开了产业的特色，区域经济的特色只能是一句空话。其二，我国各个经济区域自然、经济、社会、文化、历史等条件各异，形成了各经济区域发展的优势。这些优势是区域经济快速发展的基础，为了充分利用这些优势，必须建立区域特色产业。其三，我国经济体制改革的长期目标是最终建立完善的社会主义市场经济体制。市场经济体制不仅仅是简单的体制模式，它的最终形成必须建立在发达的商品交换、市场机制充分发挥作用的基础上。完善的市场经济体制就要彻底消除自给自足的生产、生活方式，发展区际之间的商品交换关系。这种交换关系的发展，又必须建立在区际分工、形成特色产业的基础上。其四，我国东西

---

① 列宁. 列宁全集第 3 卷 [M]. 北京：人民出版社，1959.
② 同①

部差距的长期存在,近几年扩大的趋势引起了政府和社会各界的关注。东西部差距扩大的一个重要原因就是,现今各市场主体(包括各经济区域)被推上了市场;各经济区域之间展开竞争。西部民族地区由于经济基础薄弱,没有充分利用其区域优势形成特色产业,在竞争中处于被动地位,经济效益不好,自我积累能力和自我发展能力不强。如果西部民族地区建立自己的特色产业,主动进入市场,提高在市场中的地位,转变被动局面,就可能提升自我发展能力,促进经济快速发展,从而缩小东西部差距。其五,在未来一段时间里,我国不仅要实现经济体制的根本性转变,而且要实现经济增长方式的根本性转变,即由粗放型经营向集约型经营转变。经济增长方式转变能否顺利实现,其中一个关键因素在于能否建立特色产业。其六,人类在追求当今的经济发展时,必须保证未来的经济发展,即实现可持续发展。可持续发展的一个重要的因素就是充分合理地利用现有资源。资源并不是取之不尽、用之不竭的,即使是广布的空气,也由于日益严重的污染而变得对人类极为宝贵。合理利用资源,必须以资源的优化利用为前提,必须深切关注各经济区域资源的优势与劣势,只有利用优势资源,建立特色产业,才算达到了优化利用资源的目的。因而,建立特色产业对于可持续发展战略的实施具有重要意义。

第二节 贵州农业特色产业发展现状

一、自然条件情况

贵州属于亚热带高原季风气候区,是我国唯一低纬度、高海拔、寡日照的地区,气候冷凉,昼夜温差大,多样性的气候造就了生物资源的多样性。贵州生态环境良好,农业面源污染少,作物发育期相对较长,有利于干物质和营养成分的积累,适宜发展高品质农产品,是发展无公害、绿色有机农产品的天然理想地区。贵州平均海拔 1200 米,境内山地、丘陵、河谷、盆地交错分布,天然隔离条件好,病虫害相对较少,是发展绿色农产品的最佳场所。而且贵州气候条件好，地处北纬24—29度之间，冬暖夏凉，气候宜人，一年最低气温零下6度，最热月平均气温为22—25度。适宜的温度、昼夜温差大有利于营养物质和风味物质的形成和积累，为贵州特色优势产业发展提供了天然的商品品种资源。贵州降水量充足，阴天多、日照少，适宜矿物质元素吸收。贵州森林覆盖率达到58.5%，是全国森林覆盖率较高地区，负氧离子含量高，空气质量好，拥有种类繁多、品质优良、适宜推广的特色优势作物和优势品种。同时，由于典型的"八山一水一分田"的立体气候特点和破碎的土地特征，贵州农产品数量少、规模小，农业产业经营困难较大，农业产业小、散、弱的特点十分突出。

二、农业发展情况

根据贵州省统计局的资料，2022年贵州省省农林牧渔业总产值实现4908.8亿元，同比增长4.1%。其中，农业总产值3313.7亿元，增长3.5%；林业总产值340.0亿元，增长3.9%；畜牧业总产值941.4亿元，增长3.5%；渔业总产值79.6亿元，增长6.5%（见表4—1）。

表4—1 2022年全省农林牧渔业总产值及增速

亿元　%

指标	产值	增速
农林牧渔业	4908.8	4.1
种植业	3313.7	3.5
林业	340.0	3.9
畜牧业	941.4	5.5
渔业	79.6	6.5
农林牧渔专业及辅助性活动	234.0	6.3

2022年粮油生产稳定增长，粮食安全保障有力，油菜种植喜获丰收。全省粮食播种面积4183.05万亩，同比增加1.48万亩、增长0.04%，粮食总产量1114.64万吨，同比增加19.78万吨、增长1.8%；全省油菜籽播种面积759.69万亩，同比增长13.4%；产量94.73万吨，增长17.1%。

2022年结构调整发展效益持续显现，主要作物产量实现平稳增长，单产水平稳步提升。全省蔬菜、园林水果、茶叶、中草药材单产同比分别增长6.2%、6.4%、6.6%、14.8%；全省四肉产量同比增长5.9%，生猪出栏量同比增长7.3%，继续保持较快增长势头。

三、贵州特色农业发展现状

贵州省按照优势产业优先发展、优势产品率先突破的原则，从政策、资金、资源等方面集全省之力，大力发展茶叶、食用菌、蔬菜、生态畜牧、石斛、水果、竹子、中药材、刺梨、生态渔业、油茶、辣椒等12个特色产业。

面对2022年前冷中涝后旱的天气状况，部分地区的园林水果、蔬菜等生产受到一些影响，但在各级各部门通力合作和积极应对下，抗涝抗旱、补栽救灾等工作有序推进，有力保障农业生产平稳运行。2022年，全省蔬菜、食用菌、园林水果、茶叶、中草药材产量同比分别增长2.3%、1.6%、7.9%、8.3%、6.4%。经过产业结构调整以来的精心管理和抚育，园林水果、茶叶、中草药材等多年生作物逐渐步入丰产期。2022年，全省蔬菜、园林水果、茶叶、中草药材单产同比分别增长6.2%、6.4%、6.6%、14.8%。

贵州省遵照"12345"产业链推进模式，认真贯彻落实《关于促进生猪产业稳健发展的实施意见》等政策文件，强化生猪产能逆周期调控，着力构建现代产业体系，加强畜牧规模化标准化养殖场建设，大力提升牛羊生产供给能力，优化家禽产业结构，加强动物疫病防控，增强畜牧产品保供能力。2022年，全省四肉产量同比增长5.9%，生猪出栏量同比增长7.3%，继续保持较快增长势头。我省以现代生态环保型设施渔业为重点，大力发展池塘工厂化循环水、高位池、集装箱、工厂化等设施渔业养殖，推进生态渔业高质量发展。全省全年水产品产量实现26.84万吨，同比增长2.4%。

2022年，贵州省持续坚守发展和生态两条底线，大力发展木材、木本油料、特色林业产业、林下经济等，着力推进皂角、油茶等特色产业种植基地标准化示范化建设，打造林业产业经济带，着力做好林文章。赤水竹产业园区和玉屏油茶产业园区荣获"第二批国家林业产业示范园区"称号。加快推进林下经济相关产业，因地制宜发展林下种植业、林下养殖业和林下采集业，在国家林草局选编印发的全国28个林下经济发展典型案例中，我省黔东南州、兴义市、锦屏县3个发展示范地实绩入选，占比10.7%，居全国第一。

近年来，贵州省大力引进和培育新型农业经营主体，加快推动新型农业经营主体高质量发展，充分发挥其示范、引领、带头作用。截至2022年底，全省共有达到规模标准、生产经营稳定、能够联网直报的新型农业经营主体3233个，其中种植业1564个、牧业1538个，全年实现销售收入248.60亿元，同比增长8.2%，其中农业（种植业）销售收入增长7.0%，牧业销售收入增长10.6%。通过12个重点农业产业的发展，基本形成了"龙头企业＋农村合作社＋农户"合作模式。

第三节　贵州农业特色产业发展存在的突出问题

贵州通过推进农业特色产业的发展，农村经济结构进一步优化，产业体系不断健全，农业科技水平不断提高，农业经营方式不断创新，农村产业革命取得了阶段性成效。但制约贵州农村经济高质量发展的根本性、长远性、制度性问题还没有得到彻底解决，推进农村产业革命还有很长一段路要走。

一、农业的产业结构不合理，产品附加值不高

一是结构不优、产品不强。在产业结构上，有些地方对自身的区域优势、资源禀赋的比较优势研究不深，没有真正发展具有本地特色、市场独有的产品，各种产品都有"大而全、小而全"等现象；而有些地方没有坚守好独特的优势产业，出现了"年年调结构、岁岁换品种，仍然无市场"的情况。在产品结构上，有些地方产业存在品种结构不合理，

产品品种没特色，结构趋同的情况，导致产品的附加值不高，市场竞争力不强。

二是第三产业融合度不高。从整体看，贵州农业现代化水平不高，集聚现代种养、加工流通、物流配送、电子销售、健康养生等产业链的融合度比较低，农业与旅游融合发展力度不够，特色产业与休闲观光、乡村旅游、避暑康养等产业结合不够，农产品精深加工融合不够。鲜品和粗加工产品多，精深加工产品少，产品附加值低；大众产业化产品多，绿色化、高端化、科技含量高的产品较少，进入到市场的农产品大多数还是初级产品。

三是全产业链发展不充分。有些地方推进农产品产业发展的进展比较慢，发展方式不够科学，生产、加工、销售一体化水平低，产前、产中、产后连接不紧密；有的产业链不完善，育种能力弱、优良种子种苗、菌种菌材、饲草饲料等产业发展原料较大程度依靠省外企业供给；有的产业链链条不长，大多数农产品加工企业的品牌意识不强，档次较低，加之营销理念和营销模式落后，产品包装不太好，产品市场竞争力较弱。

二、科技对农业支撑能力弱，农业生产体系现代化水平不高

一是农业科技支撑还需加强。贵州农业科技的自主创新弱，原始创新和关键技术成果明显不足，产前、产中、产后等技术集成配套不够，标准化生产、加工业等重点领域技术成果缺乏，省级农业科研院对全省特色优势产业核心技术研究成果不多、转化不好，特色产业发展的一些关键技术仍需突破。如食用菌、石斛、油茶产业的种源研发、品种研发等方面很大程度还依靠省外提供，具有自主知识产权的核心技术不多。

二是与农业高质量发展地区仍有较大差距。贵州农业发展的质量和效益不高，农业科技创新能力不强，特别是企业的农产品加工创新能力不足，工艺水平落后。如今产品供给仍以大路货为主，优质绿色有机农产品占比较低，休闲旅游普遍存在同质化现象，缺乏小众类、精准化、

中高端产品和服务。

三是农业技术队伍力量薄弱。基层农业技术推广服务队伍普遍存在专业性不强的问题，少数地方基层农业技术部门甚至有编无人，专业人员几乎没有，基层农业技术人员规模、专业结构与农村产业革命纵深发展的需要有较大差距。

三、农业营销体系不完善，品牌化、规模化营销网络不强

一是经营主体普遍较弱。贵州龙头企业整体还不够大，难以有效带动和提高农民组织的劳动积极性。全省品牌影响力大的龙头企业不多，龙头企业不强、名优品牌不多的问题，很大程度上影响了农村产业革命向纵深推进的速度。

二是利益连接不够紧密。虽然贵州各地相应建立了"龙头企业＋合作社＋农户"的利益联系机制，但许多地方仍没有利益联系机制以及连接不紧、不够实的现象依然普遍发生。一些地方虽然通过"三变"改革，允许土地、信贷资金入股分红，但农民真正获利仍体现在土地流转费和资金占用成本费上，公司、合作社和农户尚未建立紧密的产业利益共同体。

三是农民职业化程度低。由于贵州农村人员结构的变化，许多有知识和年富力强的年轻人都外出打工，现留在村里的大部分为老人、妇女以及儿童，这使得农村人口结构不合理，整体素质也不高。同时各地各部门对农民的培训力度也跟不上，农民的专业化水平、农业的科普知识十分缺乏，一些需要专业性的标准化产业无法推进。

四是产业化经营水平不高。在推进贵州农村产业革命的过程中，许多地方发展方式不科学，生产、加工、销售一体化水平低，一些地方仍是小规模经营的小农经济，规模化、标准化、专业化程度相对较低。这也给农户抵御风险造成了困难，农业经营方式转变迫在眉睫。

第四节　纵深推进农业特色产业发展的对策建议

构建现代特色农业体系，主要是建立健全贵州现代农业产业体系、生产体系、经营体系——产业体系是根本，生产体系是支撑，经营体系是保障，"三个体系"是一个整体，缺一不可。因此，贵州推进农业特色产业应着重在"三个体系"建设上下功夫。

一、加快构建现代特色农业产业体系

建设现代农业产业体系，就是要在稳定粮食生产能力、确保粮食生产安全特别是口粮安全的基础上，调整农业生产结构，大力发展经济作物，促进高品质农产品的生产。

（一）进一步优化农业产业结构

切实解决贵州农业"小而全""大而全"的问题，要以县为单位统筹规划发展，进一步结合本地资源禀赋、产业基础、市场需求、农民增收等，以12个重点农业产业为基础布局，实施本县的"一县一业"方针，选准选好主导产业，做好产业规划、品种布局，不断加强品种、品质、品牌建设。要在全省重点发展茶产业、食用菌、蔬菜产业、生态畜牧业、油茶、刺梨、竹产业、水果产业、生态渔产业、中药材、辣椒产业。这12个农业重点产业要进一步做大规模，加快推进生产、加工、流通、仓储各个环节的管控，加强品牌打造，推动12个重点产业向规模化、集群化、高端化、国际化方向发展，把特色重要产业做大做强，做出国际影响，真正做到让"黔货出山、风行天下"。

（二）调优品种结构

要根据不同地区的自然条件、市场需求和产业基础进一步优化产业布局和品种结构，聚焦特色优势品种，优势品种率先突破，减少低端供给，拓展中高端供给，突出"优质专用"大宗特色农产品和"特色优势"独具贵州特色农产品的生产供给；逐步实现主导产业栽培的科学化、规模化、专业化和市场化，并依托龙头企业和本地中小企业形成加工产业集群，多渠道引进名、特、新优品种，进一步调整品种结构。一方面增大加工品种的比例，减少鲜食品种的比例；另一方面调整特色农产品早、中、晚熟品种比例，使其发展有层次性、结构性和侧重点。要加强市场研判，根据市场需求调优产品结构，使产品提质升级，提高特色农产品的效益和附加值。

（三）调促三次产业融合

围绕贵州12个特色产业的新业态，促进三次产业深度融合，实现12大特色产业的全环节升级、全链条升值，改善农业供给，拓展农业功能，拓宽农民增收渠道，对特色优势产业良种繁育、基地建设、精深加工等关键环节进行扶持，大力发展乡村休闲旅游产业，推进农村电商发展，加快发展现代食品产业，培育宜居宜业特色村镇等，促进农业转型升级并取得成效；积极延伸农业产业链条，大力发展农产品加工和流通业，发展农业社会化服务，改变农产品加工层次低、粗加工多、精加工少的问题，大力发展精深加工业；大力发展农业生产性服务业，不断提升农业整体的素质和竞争力。

二、加快构建现代特色农业生产体系

现代农业生产体系是先进科学技术与生产的有机结合，是衡量现代农业生产力发展水平的重要标志。贵州农业生产体系建设就是要用农业科学技术提升改造传统农业，不断改善农业的生产条件，改进农业生产手段，优化农业生态环境。

（一）进一步夯实农业基础设施建设

从总体来看，贵州农业基础设施还比较落后，要不断完善农田水利、农产品流通、农产品市场等公共基础设施建设，大规模推进农田水利、土地整治、中低产田改造、高标准农田建设等，提高农业抗风险能力；要以 34 公顷以上坝区为重点，以 12 万公顷高标准农田建设为抓手，大力开展土地整治，改善农业生产条件，科学规划农业基础设施建设；加强冷链物流设施建设，提高农产品生鲜价值，大力推广适合山地操作的小型农机，提高机械化水平。

（二）强化农业科技创新引领作用

增加现代科技在特色农业生产、加工、流通各环节的运用，尤其是在种子服务体系和深加工产业体系的运用，通过技术创新，提升农产品品质、档次，加强农业科技普查，全面掌握各地土壤、气候特点以及特色产业作物生长习性，为做好产业规划提供科技支撑。加强栽培技术、绿色防控、有机加工等瓶颈技术组装，建立特色种植资源保护体系，推广病虫害全过程绿色防控技术，推进农业发展节本降耗、提质增效，不断形成全国领先的技术体系。组建保障各产业稳步推进的专家团队，集中力量实施科技攻关，鼓励农业科技工作者以各种形式参与农业创新，推进产学研结合和以企业为主体的创新体系建设。

（三）积极推进绿色生产

抓好坝区的提质增效，以 34 公顷以上坝区为重点，扎实推动排灌设施、机耕道、冷链物流等配套设施建设，着力打造 100 个样板坝区和 500 个达标坝区，把坝区建设成为标准化、规模化、专业化的特色产业高端产区。提升农产品绿色化水平，推行绿色生产方式，大力推行高效、生态、循环的种养模式，加快建设循环农业和废弃物资源化利用试点，提升环境保护水平。进一步保护好耕地、湿地、林地、草地和水域的农业资源，守好耕地红线。推进标准化生产与管理，建立健全农产品标准体系，建立质量安全可追溯系统，以推进标准化产业园、规模化标准养殖场建设作为重点，开展好 12 个特色优势产业产品标准化生产体系。充分利用大数据、物联网等现代信息技术，加快构建覆盖农产品生产、收购、储藏和运输各环节的质量安全体系。

(四) 创新增产模式提升产品质量

贵州应运用现代农业设施、装备、技术手段构建现代特色农业生产体系，加强特色农产品科技创新，提高现代生态农产品良种化、机械化、科技化、信息化、标准化水平，提高特色农产品资源利用率、土地产品率和劳动生产率。推进特色农产品标准化生产、清洁化生产、绿色化生产，积极开展绿色、有机特色农产品和地理标志农产品认证，提升12大重点产业产品品质。加大规模种植，鼓励农民以土地、资金、劳动技术、产品等条件开展多种形式的合作与联合，通过合作发展特色产业。鼓励龙头企业加快农业企业的重组和并购，使优势企业不断做大做强。

三、加快构建现代特色农业经营体系

现代农业经营体系是新型农业经营主体、新型职业农民与农业社会化服务体系的有机结合，要大力培育专业大户、家庭农场、农民合作社、农业企业等新型农业经营主体，形成职业农民队伍，发挥多种形式的规模经营，构建起集约化、专业化、组织化、社会化相结合的新型农业经营体系，实现家庭经营、合作经营、集体经营、企业经营共同发展。

(一) 培育壮大经营主体

贵州以12个重点特色农业产业为重点，培育一批主业突出、带动能力强、科技含量高、经济效益好的龙头企业，实现产业集群、专业配套发展，着力把贵州打造成为全国重要的绿色农产品生产加工基地，全面提高农业产业化经营水平，增强绿色农产品核心竞争力和品牌影响力。支持农民专业合作社、家庭农场、农村集体经济组织创办或参与龙头企业，引导各类投资主体共同出资、互相持股，发展多种形式的农业混合所有制经济。加大招商引资力度，吸引省外百强企业到特色农业主产区创办龙头企业，推动龙头企业向优势产业、优势产区集聚。推动龙头企业改革、重组、并购，形成全产业链的示范企业。加大农社对接、农企对接、农校对接、农超对接力度，搭建产品供求信息平台，促进农产品销售。

（二）进一步做好产销对接推动黔货出山

要坚持主导省内市场、抢占省外市场，用好本地市场资源，销好本地农产品，促进省内市场占有率大幅度提升。积极开拓东部发达城市和邻省大中城市市场，特别是要做好与上海、宁波、广州、深圳、杭州、苏州等对口帮扶城市的市场开拓，大力开设贵州农产品批发专区和销售专铺，推动"黔货出山、风行天下"。进一步拓宽市场直销渠道，组织农产品批发市场、产业化龙头企业、大型连锁超市、物流企业、电商平台等市场主体到扶贫产业基地对接，主动融入东部沿海城市"菜篮子"工程，从而不断开拓省外市场。继续办好茶博会、辣博会等，注重品牌建设，使贵州产品真正风行天下。

（三）完善利益联结机制

积极帮助贫困地区促销农产品，鼓励农产品流通企业与贫困地区生产基地签订长期订单，对接东西部扶贫协作城市和重要目标城市农产品大型批发市场。同时发展订单农业，以订单指导群众产业发展。不断完善订单收购，大力推广"龙头企业＋合作社＋农户"组织方式，推动龙头企业与农民专业合作社、农户、家庭农场等其他经营主体建立紧密的利益联结机制，让农民从中受益，真正形成"利益共享、风险共担"的利益共同体。

第五章 乡村旅游与贵州特色农业融合发展研究

第一节 相关概念和理论基础

乡村旅游与现代农业融合发展的理论支撑主要包括探索环境保护和人类发展思想的可持续发展理论，从心理学方面关注人性需要的需要层次理论，强调旅游地周期每个阶段特点以促进旅游产业转型的旅游地生命周期理论，以及讨论产业间通过融合走出新路子，发展新产业的产业融合理论。

一、可持续发展理论

从中国春秋战国时代就开始有了关于农业、渔业的可持续发展思想，曾提出定期封山育林等相关主张，但最初的可持续发展的思想主要是关于林业和渔业的。近代工业革命使人类的生产力得到极大发展的同时也给人类赖以生存的环境带来巨大的甚至是毁灭性的破坏。环境恶化的加剧以及西方公害事件的频繁发生，使得环境问题终于引起社会各界对环境保护的注意。20世纪以来，从文学《寂静的春天》到《增长的极限》，再到联合国人类环境会议，可持续发展的思想不断酝酿。联合国世界环境与发展委员会于1987年通过《我们共同的未来》（Our Common Future）的报告第一次提出可持续发展（Sustainable Development）的概念，[①] 从此可持续发展理论成为环境保护和人类发展的主要

[①] 王之佳，柯金良译. 我们共同的未来 [M]. 长春：吉林人民出版社，1997.

理论之一。

可持续发展理论的核心就是人类在经济社会的发展过程中,对自然资源的开发利用要合理科学,要坚持生态平衡的原则,使其既能满足当代发展的需要,又能保证子孙后代发展所需的资源不受威胁。人类对于大自然的索取要有规划,不能超过其承载能力,绝对要保证资源的繁衍持续。[①] 该理论是环境保护与人类发展相统一的协调路径,对旅游产业发展和农业的发展具有指导性意义。而乡村旅游和现代农业融合发展既能保证旅游发展对自然资源的需求,又能促使传统农业的发展转型,同时还能不破坏农村资源的生态平衡,真正实现生产、经济和生态三方面的可持续发展。

二、需要层次理论

需要层次理论是在心理学界关于需要的最著名、最具影响力的理论之一。过去统治心理学界的精神分析学派对人性的研究过分强调性冲动及攻击本能,而以华生为代表的行为主义学派则又极端地忽略人的主观能动性,将人的各种复杂的行为仅看成对刺激的简单反应。与二者完全不同,人本主义心理学家属于典型的"性善论"学派,充分信任人的自我控制能力,挖掘个体的潜能,促进个体成长。比起行为主义无视个体的需要以及精神分析强调性本能等方面的需要,人本主义更强调研究人的价值和人格发展,认为个体是有责任的,是会通过追求自我实现而让自己不断成长的。

人本主义学派代表学者马斯洛提出了需要层次理论。该理论自诞生之日起,不断地出现在教育、人力资源、经济等各个领域,被人们熟知和运用。马斯洛认为,人的需要从低到高分为五种:生理的需要、安全的需要、归属和爱、尊重以及自我实现的需要(后来他又在第四种需要和最后一种需要之间提出求知的需要和审美的需要)。这五种需要满足

---

① 周生贤. 生态文明建设与可持续发展 [M]. 北京:人民出版社,2011.

的顺序一般是逐层上升，低层次需要满足后才会出现高层次需要。当然有时也会有例外，比如烈士在信仰面前不顾生死；一个人同一时期有可能有两种及其以上的需要，一般会先寻求迫切需要的满足；人民的需要层次结构，一般与其国家的经济、社会、文化等发展水平相关。[①]

随着我国生产力水平不断发展，人民生活水平不断提高，温饱这类较低层次的生理需求早已不是现阶段大众的主要消费动力。在休闲时间条件和经济条件同时具备的情况下，回归自然，体验记忆中的农场劳动这类更高层次的需要则成为现阶段人们更迫切的需要。按照该理论，高层次的休闲消费需要为乡村旅游与现代农业的大融合提供有利的条件，并且应满足不同游客不同需求，相同游客不同时间段的需求。

三、旅游地生命周期理论

加拿大学者巴特勒（R. W. Butler）将产品生命周期的概念结合到旅游产业领域，提出经典的旅游地生命周期理论。巴特勒认为旅游地发展过程依次会经历六个阶段：最初是有少量零散游客并且无特别的设施，其自然和社会环境均未受旅游影响而发展变化的探查阶段；后来是旅游者逐渐增多，旅游活动开始出现组织性和规律性，一些当地居民为旅游者提供简陋的住宿饮食等基本服务，地方政府迫于压力改善交通等服务设施的参与阶段；然后是通过营销等手段，使旅游市场扩大，外来投资增加，大型的现代化设施取代简陋的基本服务设施，且旅游地自然面貌有所改变的发展阶段（据分析贵州省百里杜鹃景区目前处于该阶段）；之后是旅游人数增长率下降，地方经济已经和旅游密不可分，本地居民开始对旅游带来的改变反感和不满的巩固阶段；再然后是"人造设施"代替旅游地原本的自然和人文形象，旅游环境容量超载，不再时兴，市场量维持艰难的停滞阶段；最后是繁华过后，外资撤走，设施改为他用的衰落阶段或者开发新的自然资源及吸引物的复兴阶段。

---

① 彭聃龄. 普通心理学［M］. 北京：北京师范大学出版社，2001.

旅游地生命周期理论给旅游地的启示为：传统的旅游地经过发展的顶峰之后逃不过走向衰落的过程，因此旅游地要及早做好规划，提前想出对策；正在经历停滞阶段的旅游地不能故步自封，消极对待，而应积极创新思维和手段，提出发展的新思路，比如乡村旅游和现代农业遇到瓶颈时，融合发展将是一条全新的发展道路；对于自然资源占主要地位的旅游地，应该设法保护其原貌，不应植入过多的破坏生态的大型设施，同时兼顾旅游和当地经济的发展。本文所讲的融合正是既能保护农村自然资源和风貌，又能促进乡村旅游发展的两全之策。

四、产业融合理论

全球化背景之下，产业融合已经成为世界范围内的大势所趋。产业融合最早出现在因数字技术的产生而导致的信息行业之间，通信技术及信息处理技术的变革带来传媒行业间的相互融合，然后迅速发展成企业跨行业的活动，产业的边界越来越模糊，最终导致产业融合。因此产业融合被定义为随着技术的革新，各行业之间的竞争合作不断加强，产业间的壁垒变低或消失，产业间界限趋于模糊，最终产生融合，出现新产业的动态过程。产业融合必须以高新技术的变革为前提，以两种及以上的产业相互渗透交叉为手段，以新产业的产生和发展为目的。具体表现在技术支撑、资源利用、市场导向、功能调节等内容的融合。

贵州省由于特殊的地形地貌，传统的自给自足的农业面临着多方面的挑战。而同样受地理位置及旅游基础设施的限制，旅游业发展也遇到瓶颈。如何解决这对矛盾，产业融合理论给出启示：贵州的农业资源和民族文化丰富，借助大数据大发展和基础设施大跨越的东风，通过能源、技术、物流、金融等方面的融合，探索适合贵州省乡村旅游与现代农业融合发展的具体模式，促进农业和旅游业融合发展，走出一条既能保护青山绿水，又能加速经济发展的两全道路。

第二节　乡村旅游与贵州特色农业融合发展的必要性和可行性

一、贵州省乡村旅游与现代农业融合发展的必要性

(一) 改善农村人居环境的迫切需要

深入开展农村人居环境整治和美丽宜居乡村建设是根据我国乡村的现实情况提出的战略性意见。贵州农村长期处于封闭状态，特别是边远地区的生产生活方式落后，与外界交流较少，保留着原始的生活状态，与现代经济社会发展格格不入所以迫切需要改变。

首先，推进乡村旅游与现代农业融合发展，可以逐步改变农村封闭状态，促进边远农村与城市的交流交往，改善农村人居环境。近年来，贵州乡村旅游蓬勃发展，吸引了世界各地的游客。游客的大量涌入，极大地推动了农村基础设施的建设和农村居民生活习惯的改变。自从2013年贵州省启动实施"四在农家·美丽乡村"基础设施建设六项行动计划以来，每年整合各类专项资金300亿元，对适宜开展乡村旅游的村寨进行重点倾斜扶持；在全省127个重点旅游景区建设中，已有71个景区与85个山地现代高效农业示范园区实现互融互通发展；争取文化和旅游部投入4600万元支持全省46个全国乡村旅游扶贫重点村建设，安排5000万乡村旅游专项资金支持全省63个贫困村完善旅游基础设施。

其次，乡村旅游和现代农业融合发展可以促进新农村建设，从而改善农村人居环境。发展乡村旅游和现代农业要求对农村传统生产生活方式进行变革，优美舒适的居住环境、文明健康的生活方式、从事旅游经营的基本技能、美观整洁的村寨环境等等，都对农村居民提出了更高

要求。

(二) 农村产业结构调整的迫切需要

第一，推进乡村旅游与现代农业融合发展，可以促进贵州传统农业的发展。如：湄潭县、都匀市等地，依托当地的茶叶资源，借助当地的"湄潭翠芽""都匀毛尖"等品牌，推动乡村旅游和现代农业融合发展，极大地促进了旅游业发展，同时也使当地特产茶叶畅销各地；雷山县发展乡村旅游的同时，大力宣传制作苗绣、苗族手工银饰等，使之成为游客喜爱的旅游商品；威宁县在发展乡村旅游的同时，也使"威宁火腿""苦荞茶"等当地农特产品畅销全国。

第二，推进乡村旅游与现代农业融合发展，可以推动农村传统农业向现代农业转变。为推进乡村旅游发展，贵州各地积极发展体验农业、生态农业、观光农业、休闲农业，保留了原生态环境，也创造了增收门路。如遵义市播州区花茂村、贵阳市白云区"蓬莱仙界"等地，积极推动传统农业向现代农业转变，极大提高了农业经济效益。所以，大力推进乡村旅游与现代农业融合发展可以促进农村产业结构调整。

第三，推进乡村旅游与现代农业融合发展，还可以促进当地现代服务业的发展。乡村旅游与现代农业融合，需要农商结合，运用"互联网＋"思维，及时收集分析游客消费需求，进行订单式生产，促使加工业成为村镇和县域产业。如利用互联网推出茶园承包经营新模式，消费者可以通过茶叶生产全过程电子追溯系统实时了解承包茶园情况，还可以随时到茶园度假并体验采茶的乐趣。

(三) 脱贫攻坚同步小康的迫切需要

贵州省贫困面大、贫困程度深，是全国脱贫任务最重的省份。如何打赢脱贫攻坚战，实现全面建成小康社会是一个大难题，而大力发展乡村旅游和现代农业就是解决问题的好办法。乡村旅游具有劳动密集型的特点，世界旅游组织认为：旅游业1个直接从业人员就可以创造5个以上就业机会，每收入1美元就可以使国内生产总值增加3.12美元。[①]
2022年，贵州省旅行社总数764个，旅游总人数4.92亿人次，旅游总收入5245.64亿元。

全省5A级景区9个，4A级景区143个，全国重点文物保护单位81个，等级以上乡村旅游重点村（镇）437个，等级以上乡村旅游标准单位8957个。

推进乡村旅游和现代农业融合发展，人流、物流、信息流等各种资源的流动，使得广大农民的生产资料都派上了用场。例如，雷山县西江千户苗寨、湄潭县花海之心、兴义市万峰林、平坝农场等地居民，很大一部分都从事乡村旅游和现代农业相关的产业，拓宽了农民增收渠道，让农民就地就业创业，经济收入大大提高，实现脱贫增收致富的目标。湄潭县金花村充分发挥林茶相间山地茶园的优势，以七彩梦幻童话世界为亮点，打造"七彩部落"观光休闲景区，茶产业产值实现翻番，旅游收入和人均纯收入都大幅增长。桐梓县杉坪村充分利用当地特色农产品资源、自然风光资源和人文资源，引进企业发展现代高效农业、生态观光、健康养生等特色优势产业，扶持带动当地贫困户发展农家乐，参与乡村旅游经营管理，实现"产旅融合、助农富农，农户参与、产业壮大，经济富裕、环境更美"的可持续发展，带动就业300余人，覆盖受益近千人，实现了大部分贫困人口的脱贫，农民人均可支配收入超过万元。

二、贵州省乡村旅游与现代农业融合发展的可行性

（一）融合发展资源优势日益凸显

贵州自然资源丰富，处处是瀑布、溶洞、峡谷、湖泊、湿地，是名副其实的"国家公园省"。贵州民族文化多彩，17个世居少数民族在这里勤劳耕耘、聚居繁衍，共同创造了瑰丽神奇的民族文化。贵州生态环

---

① 杨眉，杨绍先. 论贵州乡村旅游的发展. 贵州大学学报，2012（9）.

境良好，满目青翠、气候宜人，拥有清新的空气、凉爽的天气，省会贵阳市被评为"中国避暑之都"。贵州红色旅游资源富集，红军长征经过了贵州 87 个县（市、区）中的 68 个，留下了大量革命文物与遗迹。这些丰富的自然资源、民族文化、生态资源、历史内涵，为乡村旅游和现代农业的开发和利用提供了基础条件。

（二）融合发展基础设施日趋成熟

截至 2022 年，贵州省铁路里程达到 4019 千米，其中高速铁路 1608 千米；公路里程达到 20.96 万千米，其中高速公路 8331 千米，实现"县县通高速、乡乡通油路、村村通公路"；通航机场实现市（州）全覆盖，"一干十三支"航空网络初步形成，机场旅客吞吐量达到 3000 万人次；内河航道里程 3954 千米，乌江基本实现通航，覆盖全域的立体化快速交通体系加速形成；全省建成农村公路 17.51 万千米，实现 100%的乡镇和建制村通公路，其中有 50%以上的村通油路。海陆空通行条件的极大改善，为全国各地旅游者快速进入贵州旅游提供了交通基础条件。贵州正大力实施"大数据"发展战略，大数据产业风生水起，"互联网＋旅游"观念深入人心，为乡村旅游开辟了新的发展天地。同时，经济的快速发展为旅游业发展提供了经济基础，城镇化的快速推进为旅游业发展提供了市场空间，民族民间文化的传承和发扬光大为旅游业发展提供了发展活力，农业生产方式变革为旅游业发展提供了人力资源条件，城乡居民闲暇时间的增加为旅游业发展提供了休闲娱乐时间保证。

（三）融合发展政策红利不断释放

当前，国家已将旅游业作为国民经济的战略性支柱产业，贵州省正着力推动全域旅游发展，为乡村旅游和现代农业发展提供了前所未有的发展机遇。《中共中央、国务院关于深入推进农业供给侧结构性改革加快培育农业农村发展新动能的若干意见》《国务院关于加快发展旅游业的若干意见》《农业部国家旅游局关于开展全国休闲农业与乡村旅游示范县和全国休闲农业示范点创建活动的意见》《农业部关于推荐中国最有魅力休闲乡村的通知》《贵州省休闲农业与乡村旅游示范点管理办法（试行）》《省委、省政府关于大力实施乡村旅游扶贫倍增计划的意见》《省委、省政府关于深化改革开放加快旅游业转型发展的若干意见》《省委、省政府关于扶持生产和就业推进精准扶贫的实施意见》等一系列政策文件，为贵州乡村旅游与现代农业的融合发展提供了政策支撑。近年来，贵州坚持每年在一个市（州）召开一届旅游产业发展大会，推动一个地区旅游业加快发展，出台一个支持地区旅游产业发展的文件，推出一批龙头旅游景区，从省级层面在资金、政策上给予倾斜支持。

第三节 乡村旅游与贵州特色农业融合发展模式

一、茶旅一体发展的湄潭模式

茶叶本身不仅有生态功能，而且附带经济功能，还具有旅游体验功能，这一特殊性质决定大规模茶园的茶旅融合发展成为可能。湄潭县是贵州省茶叶种植面积最大的产茶县，拥有悠久的种茶历史，在全国的重点产茶县中位列第二[1]。湄潭县凭借浓厚的茶文化和优质的茶产品，登上茶产业的舞台，不仅在国内，在国外市场也获得了普遍认可，在茶文化界得到高度赞赏，这给湄潭县树立了美好形象，提升了湄潭县茶产品的知名度。在湄潭县独有的优势背景下，更有利于湄潭茶产品引流客户模式的畅销。

茶叶基地的种植规模是茶产业发展的根基，湄潭县拥有60万亩生态茶园，且对茶区进行了科学有效的规划，茶区内有6条高度集中的茶产业带[2]据不完全统计，湄潭县拥有茶企业多达528家，年加工产量达

---

[1] 陈正芳，匡模，廖家鸿. 湄潭茶产业现状与发展思路 [J]. 中国果菜，2016，36（11）：45—47.

[2] 江志平. 以"湄潭模式"促进遵义市脱贫攻坚新发展 [C] //2016年首届哲学社会科学智库名家·贵州学术年会优秀论文集，2016：102—109.

6.5万吨，固定资金总值达26亿元。如此庞大的规模，为湄潭县茶产业发展铺下坚固的基石[①]。

作为茶叶第一县的湄潭，有着"中国名茶之乡"的美誉，"湄潭翠芽"更是被誉为贵州的十大名茶之一，在贵州省内也是无人不晓的贵州四大名茶之一；在"中茶杯""中绿杯""国际茶博会"上曾连续获得28次金奖。且湄潭县被誉为"中国名茶之乡""全国十大茶叶产业发展示范县""中国茶业十大转型升级示范县"。

湄潭曾举办过影响较大的大型茶文化活动，在当时就已经取得了非常好的效果。湄潭现已建成茶旅融合体验中心，在县境内的西南茶城、茶叶交易市场、茶文化长廊、科技节、艺术节、读书节、运动会、贵州省茶叶科学研究所、永兴茶海公园、核桃坝村（简称一城、一廊、三节一会、一所、一海、一村）等几个独具特色的茶文化亮点，构成了独树一帜的旅游优势[②]。湄潭县城距离中国茶海景区约半小时车程，可手机地图搜索导航，全程均高速，往来便捷[③]。湄潭茶旅的发展，提升了湄潭县及湄潭茶产品的知名度，不仅有利于拓展湄潭的茶叶经济，更有利于湄潭建设社区文明，丰富人们的文化生活，提高湄潭人的生活质量。

湄潭县从没有一个支柱产业的落后县份发展成如今青山绿水环绕，生态茶园随处可见，农民生活富裕和谐的令人向往的生态体验旅游胜地，有着丰富的经验可循。首先，在农业发展和环境资源保护方面，湄潭县从2003年左右开始顺应国家退耕还林政策，进行"退耕还茶"，全力开展茶叶的栽培和茶园的建设，使茶叶种植科学化、规模化和优良化，最终使该县的茶园规模全国第二。其次，依托大规模茶园和茶叶产量资源基础，湄潭县把大力发展茶产业和推进新农村建设结合起来，深

---

① 廖家鸿，李燕丽，王自琪，等. 湄潭县茶产业调研报告 [J]. 中国农村科技，2021 (9)：56—59.
② 魏在平. 锁定目标奋力打造中国茶业第一县 [J]. 当代贵州，2015 (31)：48—49.
③ 李旭，史官清，傅琨凯. 品牌建设助力"湄潭翠芽"茶农增收策略探讨 [J]. 南方农业，2021 (28)：4—8.

入挖掘茶文化，通过茶叶产业增加农户收入的同时积极发展以茶文化体验为主题的乡村生态旅游。让游客亲自参与到采茶、炒茶和品茶等体验项目中，感受茶园生态和茶文化带来的身心的休闲与愉悦。再次，注重茶园建设规划，不断完善旅游基础设施。在数以万亩的茶园里修建便于观光体验的木栈道、观光凉亭和平台等观光设施，制茶的体验空间及设施，建设自行车道和机动车干道等交通道路，使旅客得到更加完美的生态旅游体验。最后，通过茶文化宣传、茶叶品牌宣传、"茶海"景区宣传等广告宣传，提高茶旅的普及度，巩固茶旅一体的发展模式成果。通过媒体弘扬茶文化，普及茶知识，提高茶品牌和乡村旅游的知名度，勾起人们对自然山水的无限向往。

"走，到湄潭当农民去！"这句宣传语直击人心深处，仿佛一幅描绘着湄潭自然和谐的生态画卷，让农民出身的孩子的乡愁瞬间点燃，让城市长大的孩子的压力有地释放。湄潭县的茶旅一体化模式对于当地的农业发展和社会管理成效功不可没，是一条值得借鉴的成功路径。

二、健康养生一体发展的铜仁模式

随着人民群众生活水平的日益提高，人们对健康养生的关注度和参与度大大提高，在经济发展新常态下，大健康产业方兴未艾，大健康时代呼之欲出。贵州抢占大健康产业发展先机，提出发展以大健康为目标的医药养生产业，大力推动发展保健养生产业、运动康养产业、健康管理服务产业。铜仁市已连续多年成功举办大健康产业博览会，大健康产业发展正风生水起。

铜仁市生态环境良好，自然山水秀丽，温泉资源非常丰富，森林覆盖率达到65%以上，梵净山等部分地区森林覆盖率超过90%，部分景区空气中负氧离子每立方厘米高达16万个以上，可谓天然大氧吧，十分适合休闲度假养生。2010年，铜仁获得了全国首个"中国营养健康产业示范区"称号；2018年7月，铜仁梵净山成功列入《世界遗产名录》，成为中国第13处世界自然遗产、贵州第4个自然遗产，并且成为贵州唯一一个独立申报的世界遗产。2018年7月，仁梵净山成功列入《世界遗产名录》，成为中国第13处世界自然遗产，贵州省第4个世界自然遗产，并且成为贵州省唯一一个独立申报的世界遗产。2019年11月，国际天文学联合会正式发布公告，将编号为"215021"号小行星永久命名为"梵净山星"。2019年以来，梵净山生态旅游区入园人数达510余万人，旅游收入13.2亿元；被评为国家5A级旅游景区的梵净山，作为《时代》周刊报道"人与自然和谐共生"的典范，列入全球28个最值得到访的旅游目的地之一。

梵净山脚下、太平河边的云舍村，是一个土家族聚居村寨，依山傍水、美景如画，犹如世外桃源一般，传说曾经有仙人在此居住。铜仁市依托云舍村发展康体养生游的资源和潜力，引导支持发展乡村旅游，推进农旅结合，打造集休闲度假养生于一体的旅游村寨。贵州省旅游局将云舍村纳入帮扶联系点，大力发展乡村休闲度假旅游。云舍村2004年被省政府定为"全省乡村旅游示范点"，2005年被批准为"全国农业旅游示范点"，云舍村旅游发展已初具规模。2012年12月，云舍村被列入第一批中国传统村落名录。2019年7月28日，被文化和旅游部、国家发展和改革委员会列入第一批全国乡村旅游重点村名录，同年12月25日，被国家林业和草原局列入第一批国家森林乡村名单。据2020年5月中国传统村落数字博物馆官网显示，目前云舍村已建成农家乐40余家、客栈住宿18家，日接待游客达3000人，年接待游客18.47万人次，实现旅游综合收入5929.02万元，全村人均可支配收入达到18000余元，依靠旅游，云舍走上了乡村旅游发展致富之路。依托梵净山、石阡温泉、麻阳河、佛顶山等得天独厚的生态资源优势，铜仁市大力推动旅游大健康产业发展，推动发展健康养生产业，培育发展运动康体产业，规划建设大健康养生产业园区，发展大健康休闲养生基地。以生态文化体验为主打造生态文化度假旅游综合体，以避暑度假养生为主打造旅游风情小镇和旅游区，以休闲观光度假为主打造观光旅游休闲中心，以温泉水疗养生为主打造温泉旅游疗养中心。

铜仁市在贵州省大力发展大健康产业的背景下，依托资源优势，抢占发展先机，在政策、产业等方面进行大力扶持，推动大健康产业与旅游业特别是乡村旅游深度融合发展，取得的"1+1＞2"的效果。贵州省境内的遵义市、安顺市、黔东南州等地都具有良好的自然生态环境，十分适合发展健康养生产业，铜仁市健康养生一体发展的模式值得借鉴。

三、生态民俗一体发展的雷山模式

贵州省是少数民族聚居大省，除塔吉克族和乌孜别克族两个民族以外的53个少数民族在贵州均有分布，其中世居少数民族就达17个之多。根据第六次全国人口普查结果，贵州省的少数民族人口总数量排全国第四，少数民族人口占省总人口的比重在全国排第五位。然而与第五次普查结果相比，贵州省的少数民族人口数量减少了79万人，比重随之下降2.24%。少数民族人口减少、所占比重降低的情况在贵州省历次普查中还是第一次出现。

雷山县少数民族人口数量占总人口的91.4%，其中以苗族人口最多，聚居着我国历次迁徙的苗族同胞，分布着300多座吊脚楼等传统建筑的苗寨，自然环境秀丽神奇，苗族传统文化底蕴深厚，堪称中国苗族文化的展示中心，属国家级文化景观遗产范畴。居住在这里的苗族同胞世代从事传统农业，但随着经济社会的快速发展，人们也开始运用现代农业生产方式改变着自己的生活。然而类似雷山县这样的靠自然传统的少数民族风情吸引世界游客的地区，如何做到既要发展经济又要保护生态，还要坚守少数民族传统，是一个急切又棘手的问题。

近年来，当地政府高度重视对少数民族村落和少数民族文化的保护及开发，结合当地实际，借助旅游业来振兴经济、复兴文化，使被称为苗族文化"活化石"的民族村落重新璀璨照人。

其一，合理规划，保护和抢修传统村寨。做好村落保护和发展的规划，是当地政府作出的最英明的决策。当地政府按照规划，并通过出台

《黔东南苗族侗族自治州民族文化村寨保护条例》等一系列条例，组织苗学专家参与，对村落划区域实施抢救性的保护工作（比如限制水泥建筑，对砖泥房屋进行木化），最大程度保留村落原貌及历史性文化资料，尽可能维护文化遗产的完整和真实。

其二，传承民族文化，为民族文化旅游造势。当地政府通过"四个100"培育工程，挖掘培养民族歌舞和传统工艺等优秀传承人，并组织专家编制出版二十余部苗学研究丛书，还在中小学增设民族文化课，积极拿下各级非物质文化遗产的申报工作，最终成为全国具有非遗最多的县份。雷山县通过各种苗族文化体验旅项目使游客在纵情苗家山水的同时感受浓郁的少数民族文化。

其三，调动当地居民全面参与积极性，整治原始村落环境，净化旅游环境。通过进村到户等切实有效的宣传方式，实行环境治理和保护的全面参与模式，保护和改善民族村镇的生态环境，建设卫生、文明和安全的旅游环境，从而提高旅游形象。

贵州省的黔东南州、铜仁市、黔南州、毕节市、黔西南州、安顺市等均具有不同数量的少数民族居住村落。完全可以借鉴雷山县的生态民俗一体发展的模式来进行生态民族文化保护和提高当地少数民族居民收入。

四、休闲避暑一体发展的桐梓模式

桐梓县位于贵州遵义北部，北与重庆接壤，南与贵阳交界，素来被视为"川黔锁钥"及"黔北门户"，是川、渝、黔、桂、滇、湘西部六省之间的重要连接点和主要通道。桐梓县虽然毗邻中国最年轻的直辖市重庆，但其夏季气候和火炉城市重庆却截然不同。在交通方面，黔渝铁路、著名的210国道和崇遵高速公路等均贯穿桐梓县内，与重庆主城和与贵阳的距离均在2小时车程内。而遵义机场则是贵州乘客吞吐量第二的机场交通十分便利。远有古人类遗址和著名夜郎文化的积淀，近有红军长征及抗战精神的发展。同时自然风光旖旎，有峡谷、漂流、溶洞等众多的自然保护区和旅游景观。

根据上述气候、环境、交通等天时地利方面的优势，桐梓县开辟出一条休闲农业和乡村旅游一体的休闲避暑模式。当地主要根据自身宜人的气候和特有的盆地边缘地貌等资源的优势，基本形成自己的休闲避暑的乡村旅游品牌。如今，桐梓的乡村民宿已经成为重庆中老年游客夏天必去的休闲避暑目的地，桐梓农民的居住环境因此得到极大的改善，生活水平也不断提高。该县还被授予"全国休闲农业与乡村旅游示范县"的称号。

可喜的成就背后当然离不开当地政府的引导和支持，其中有两点最值得借鉴的经验。一是采用联建、托管招商模式，即重庆游客一次支付多年租金共同改善农舍环境，每年固定几个月到乡村居住，平时则由当地农民看管、使用，解决资金问题的同时保证了固定的游客资源和收入。二是放开经营权下放到户的经营模式，即完全将经营自由权交到农户手中，避免管得过严的现象，政府仅以引导者和守护者的身份出现，真正激发农户创新探索的主观能动性，极大鼓励农户开办休闲避暑乡村旅馆的积极性。

五、山地特色一体的黔西南模式

长期以来，贵州省给外界留下的印象是地形陡峭，绵延的陡山和壮观的瀑布峡谷成了贵州发展的屏障。然而，随着户外运动和山地旅游的兴起，鬼斧神工的喀斯特地貌却成为吸引游客的独特资源。贵州省拥有全中国乃至全世界面积最大的喀斯特地貌山区，不仅在规模上最大，在发育程度上也是最成熟的。省内73%的面积都具有喀斯特特征，并且分布全面，几乎涉及所有的市县，堪称世界自然地貌的奇迹。而喀斯特形成的岩洞、崖壁、石林、峰林、溶洞和地下河流等，则是探险、竞赛和休闲健身等典型户外运动最重要的地貌资源。

黔西南州的峰丛和峰林，有壮丽的万峰林，奇美的马岭河峡谷，雄险的二十四道拐，山地旅游资源极其丰富，为喀斯特地貌的杰出代表。

该州在乡村旅游和现代农业融合发展中的最大特点是根据其独一无二的山地旅游资源，通过一系列影响巨大的国际国内山地大会和赛事（如：首届国际山地旅游大会通过《国际山地旅游大会贵州宣言》达成山地旅游、自然休闲健身的共识，为山地旅游发展提供升级转型思路；借助大会的火候，在晴隆开展24道拐汽车爬坡赛、于兴义万峰林举行国际徒步大会和国际山地自行车赛等系列活动），结合黔西南州多彩浓郁的少数民族风情，将大自然的神奇景观全方位呈现在世人面前，深刻独特的山地旅游和民俗文化体验让游客流连忘返。

黔西南州的山地旅游虽然刚进入起步阶段，但在首秀上惊艳全场，给喀斯特地貌为主的全省旅游发展一个觉醒般的启示：山地旅游的蓬勃发展，既保存了喀斯特地貌的完整性，又保证了山地农业的原生态。在改善当地居民生活环境的同时还能满足游客户外运动和休闲健身的迫切需求。大力发掘山地旅游资源，做好开发资源整体规划，制定高标准的山地旅游项目，用高端的山地旅游带动山地农业发展，是提升山地旅游体验和提高山区农民的收入的具体途径。

第四节　乡村旅游与贵州特色农业融合发展的路径探索

一、推进乡村旅游与现代农业融合发展的规划编制

贵州应紧扣"乡村旅游＋"的理念，推动乡村旅游与多产业融合发展，注重季节、产业、服务、管理等方面的综合因素，科学编制全域旅游发展规划，特别是着力推动乡村旅游全域发展。要以农村产业融合发展为方向，高起点高标准编制《贵州省乡村旅游发展规划》。运用好全省旅游资源大普查成果，组织力量对乡村旅游资源状况进行详查建账、分析比对、分类排队，并综合考量经济、社会、环境、生态和市场因素，做到底数清、利弊知、方向明；做好与国土利用、城乡发展、农林

水利、交通建设、文化科技、扶贫开发和旅游其他专项等规划的衔接，整合好可用于乡村旅游发展的各类政策资源和项目资源。同时结合各地各具特色的优势资源、特色资源和产业基础，以资源为主动，以产业为补充，力争实现融合发展，结合市、县、乡总体规划，以县为单位编制县级乡村旅游与现代农业融合发展规划，另外适合发展乡村旅游和现代农业的村寨也要编制旅游规划。

二、推进乡村旅游与现代农业融合发展的示范创建

结合贵州正在实施的100个旅游景区、100个现代高效农业示范园区工程，利用好政府支持景区发展的项目和资金，引导旅游景区、农业示范园区周边群众参与旅游经营管理，增加其收入。引导农户以土地入股，探索建立"企业＋农民专业合作社＋农户"模式，实现利益共享。逐步将各地新兴的乡村旅游项目纳入全省100个旅游景区、100个现代高效农业示范园区建设范畴，鼓励和引导社会资本有序参与旅游景区和农业示范园区的建设和经营。结合全省旅游资源布局和山地旅游产业发展规划，将重点旅游线路和通往旅游景区、乡村旅游示范点的公路等交通旅游项目优先纳入规划，优先支持乡村旅游与现代农业示范区公路建设，解决乡村旅游交通改造提升问题，实现交通建设带动乡村旅游与现代农业发展。

三、推进乡村旅游与现代农业融合发展的营销工程

要围绕全省"多彩贵州风·山地公园省"的发展定位，以"美丽乡村让多彩贵州更加精彩""多彩贵州风·美丽乡村"为品牌，加大山地旅游宣传促销力度，开拓境内外市场。注重发挥民俗文化活动、少数民族传统体育赛事和地方特色节庆等的平台作用，扩大乡村旅游重点村寨的影响力，提高满意度。加强与报刊、广播、电视台、网站等媒体的合作，将乡村旅游与现代农业宣传作为一项长期重要内容，开辟专题专栏，进行重点宣传推介。充分运用大数据、物联网等现代信息技术改造提升乡村旅游和现代农业发展，将乡村旅游和现代农业纳入贵州"旅游

云""农业云"建设,加快智慧旅游发展步伐,推进"互联网+现代农业"行动,打造乡村旅游和现代农业资源网站、一站式旅行服务平台、旅游和农产品分销平台和旅游自助攻略平台等,提升乡村旅游和现代农业运营管理水平。加快"智慧村庄"建设,完善乡村景区旅游智能管理和服务功能,建设农村电商平台和公共服务平台,构建旅游产品和农特产品在线宣传和销售网络。

还要依托各地自然与人文资源,创建具地方特色的生态休闲、避暑度假、健康养生、漂流探险、户外运动等旅游产品品牌。加快建设乡村旅游与现代农业融合发展新业态,打造文化体验、农事体验、乡村研学、乡村民俗文化等乡村旅游产品品牌。加强乡村自然生态和人文环境的保护,立足于"农"字,拓宽产业幅、延伸产业链,不仅要把旅游村寨建成独具乡村韵味的"花园""乐园",而且要通过乡村旅游点的辐射带动,把广大乡村建成都市人的"米柜""粮仓""茶庄""菜园",满足当代人追求有机、本地和原种食品的新需要,实现"农旅融合、以农兴旅、以旅强农"的良性互动。同时引导和支持返乡农民工、大学毕业生、专业技术人员、文艺界、科技界人员在有条件的乡村旅游与现代农业示范点建设创客基地,逐步形成乡村旅游创客品牌基地。

第五节 乡村旅游与贵州特色农业融合发展的保障措施

一、推进乡村旅游与现代农业融合发展组织构建

乡村旅游和现代农业发展涉及部门很多,需要形成行政联动体制和资源整合机制,从上到下统一部署、集中发力,统筹协调、响应联动。要建立省、市、县三级旅游和农业发展改革决策协调机构,下设乡村旅游和现代农业发展推进工作组,负责统筹协调、调度、督促有关乡村旅游和现代农业发展项目和资金安排与落实。建立完善考核评比和激励惩

戒机制，将各级党委、政府及有关部门推动乡村旅游和现代农业发展情况纳入干部政绩考核内容，落实责任。充分发挥基层干部和群众在乡村旅游发展中的作用，成立乡、村两级旅游和农业发展促进会等自治组织，负责宣传动员组织群众支持、参与旅游发展，协调处理旅游开发建设和运营管理中碰到的具体问题，确保乡村旅游和现代农业发展顺利推进和日常有序有效运营。

二、加强乡村旅游与现代农业融合发展资金保障

乡村旅游和现代农业发展需要农民的广泛参与和积极投入，但更需要政府的政策支持和资金投入。要将乡村旅游和现代农业发展纳入地方政府和旅游主管部门的重要议事日程，各级政府要把乡村旅游和现代农业作为新兴产业来扶持，出台一系列的奖励、扶持政策，在项目、资金等方面给予优先安排和重点支持。要抓好新农村建设、农村产业结构调整、农村基础设施建设、生态文明建设、现代农业发展、扶贫生态移民搬迁等资金的统筹利用，在实施项目过程中充分考虑乡村旅游与现代农业融合发展的需要。引导金融机构加大对乡村旅游和现代农业发展的支持力度，引导龙头企业积极参与乡村旅游和现代农业的开发，整合各方面资源和资金投入乡村旅游和现代农业发展中。

三、完善乡村旅游与现代融合发展人力资源培养

全方位培养促进乡村旅游和现代农业融合发展的人才，建设包括乡村旅游和现代农业从业人员队伍在内的产品开发设计专家队伍、行政管理人才队伍、品牌营运市场开拓人才队伍以及为其他产业融合提供服务管理的专业人才队伍群。制定乡村旅游与现代农业从业人员年度培训计划，鼓励旅游企业和培训机构在接待服务、经营管理等方面对农户进行基础培训。引导青年组织和大专院校学生开展社会实践活动，到乡村旅游与现代农业融合发展示范点开展调研和培训，帮助农户解决实际问题、理清发展思路、规范经营管理。建立政府主导、部门协作、统筹安排、产业带动的培训机制，发挥好基层党建作用，建设农家书屋、文化

活动室等培训教育基地，利用远程教育资源，开展乡村旅游和现代农业方面的知识、技能培训。组织村干部和致富带头人到先进地区考察学习，充分发挥能人带动作用，不断提高乡村旅游与现代农业从业人员素质。鼓励高等学校、职业院校开设乡村规划建设、乡村旅游管理、现代农业经营等相关专业和课程，培养专业人才，扶持乡村工匠。

第六章 基于产业融合的乡村旅游发展思路

第一节 政府角色多元化，政府行为科学化，促进乡村旅游产业融合发展

通过前面的分析，可以看出，政府在旅游产业的发展过程中扮演着一个不可或缺的重要角色。根据产品生命周期的理论，我们可以看到，在每一个乡村旅游产业发展阶段，发展特点各自不同，面临的发展问题差异也很大。那么在不同的阶段，政府应如何界定自己的角色以及如何构建政府行为是一个重要的课题。

我国的乡村旅游产业，主要是由政府主导的。相关部门结合乡村自身地理条件、乡村旅游产业自身特征，以及乡村旅游过程中市场失灵等因素进行有效的指导与管理。

首先，乡村旅游发展的效用具有多元化特征，除了经济效用以外，还有非常明显的社会效用、环境效用和文化效用。作为经营主体，不管是外来投资者，还是社区居民，更加关注的往往是经济效益，尤其是短期的经济效益，因此乡村旅游健康的发展，离不开政府的主导。

其次，我国乡村地理范围广，有很多老少边穷地区，乡村旅游发展承担着扶贫改善环境的重要任务。

再次，越来越多的专家和旅游从业者，认识到乡村旅游发展面临的挑战在于如何健康地可持续发展，而乡村旅游的开发，在给乡村带来经济效益的同时，对农村文化与环境也带来了不可逆的破坏性。乡村旅游的发展，本身就是城市文明对农村的一种延伸。

第六章　基于产业融合的乡村旅游发展思路

最后，从经济学的视角出发，投资人倾向于利润最大化，而旅游业的良性的发展则需要各种基础设施的完备、拥有规划的前瞻性、完备的立法，兼顾各相关利益群体的回报与长远利益。

20 世纪 90 年代以来，在系统性思考观的引入、后工业经济的来临、农业改造的要求、城乡和谐发展的需要等背景要素的推进之下，我国政府对农业与旅游业的交叉融合发展日渐重视，并不断进行着战略性的规划和思考。目前，政府为乡村旅游产业融合发展推出了一系列的政策支持和规划措施，这些都在一定程度上促进了乡村旅游产业融合的迅速发展。

旅游业与不同的产业融合均会有新的发展模式出现。旅游业与第一产业的融合，将会促进乡村旅游、生态旅游以及休闲农业的全面发展；旅游业与第二产业的融合，将会带动旅游相关装备制造业的蓬勃发展；旅游业与第三产业中其他部分的融合，如文化创意、信息科技、金融、商业零售、运输物流等，将会促使新的产品、新的经营方式发展起来。在乡村旅游产业融合的发展中，作为至关重要的战略管理层，政府在不同的发展阶段扮演着不同的角色——决策规划者、市场开拓推动者、规范管理实践者和政策支持者等。

世界经合组织旅游委员会（OECD，Organization for Economic Co-operation and Development）针对政府参与旅游产业的行为，将其分为三个阶段：启动阶段——"先驱或催化剂"、成长阶段——"规制与服务"、成熟阶段——"协调与中介"。可以说，不同的阶段要求政府扮演不同的角色、承担不同的职能、发挥不同的作用。可以分别表现为开拓者、规范者、协调者。

一、多元化的政府角色界定

（一）决策规划者

在乡村旅游发展的过程中，政府应该扮演好"决策规划者"角色。政府在主导旅游和旅游产业融合的规划发展方面，更多具有战略性质。

政府应立足于乡村旅游和谐可持续发展的宏观层面，用战略眼光来引导和规范本国、本地区的乡村旅游产业融合发展，保护乡村旅游资源，有效防止乡村旅游在产业融合发展过程中的盲目行为和短视行为，同时更加关注乡村旅游发展的和谐以及可持续发展，进而制定科学的长远的发展规划。

乡村旅游规划从战略布局来看，是基于乡村旅游的和谐发展目标的制定，整合资源以实现该目标的整体部署过程。一个合理的乡村旅游规划，必须考虑系统性、全局性、整体性。建立一个发展目标体系，要分别从经济效益、社会效益、环境效益、文化效益等方面着眼，致力于综合整体优化，以动态发展的视角处理问题。

第一，政府需要在观念上、概念上明确乡村旅游产业融合如何界定，不能孤立地对待乡村旅游，要清晰明确其地位、目标和作用等，这样才能对乡村旅游的发展有宏观的把控。

第二，政府应该凸显市场的主体地位，做好政府职能服务，把握市场需求趋势，做好乡村旅游产业融合发展规划，市场运作要放给市场主体，合力去促进乡村旅游产业融合的发展。政府可以运用合理宏观调控手段，尽量避免政府运营管理。总之，不管是战略规划还是具体的战术执行，乡村的和谐可持续发展必须是出发点。

如滕州市的乡村旅游规划要为该市的乡村旅游发展搭建一个基本的框架，从产业发展的角度来看，这个框架必须是长期的、稳定的、必要的。滕州市政府必须站在全市地域范围角度上进行全局统筹，为滕州市乡村旅游产业的发展融合提供方向性和指导性的方针政策。滕州市政府当前应着力于六个方面的乡村旅游规划：一是抓重点、建好示范区，有优势的乡镇及村庄优先重点发展，做好旅游概念规划；二是针对乡村旅游产品体系进行规划；三是乡村旅游服务体系规划；四是资源保护规划；五是保障体系规划；六是实施运营规划。

(二) 市场开拓推动者

很多学者在界定乡村旅游的概念时明确指出，乡村旅游是产业融合的产物,最先表现为农业与旅游业的融合,如农家乐、渔家乐、农业观光园、民族村落等。

初级阶段的游客的出游动机相对简单,主要表现为对城市生活的逃避或对孩子的乡村教育等。游客具备一定的消费能力,并且有消费的欲望,往往能够对农民的经济、文化生活产生一定的影响。

在发展的初级阶段,往往会存在很多问题。从国家管理层面来讲,包括相关法律法规制度体系建设有待完善、政府监管范围与力度不够、基础设施设备匹配不足、配套资金缺乏、融资困难等;从乡村旅游产品开发供给层面分析来看,不同地方的旅游项目建设缺乏创新、旅游资源的开发缺乏精品与特色、旅游开发盲目性较强;从乡村旅游管理运营层面来讲,这个阶段因为多以农户的自发成长为主,所以管理混乱、短期视点比较严重、几乎很少有长远规划,同时企业主体营销手段落后等。这一系列的问题可以总结为缺理念、缺资金、缺专业人才,仅仅市场的力量无法有效解决诸如此类的问题,因此必须由政府进行解决。

扮演好"市场开拓推动者"的角色,需要政府在乡村旅游产业融合发展中重点做好包括发展规划的编制、相关产业的引导、发展政策的制定、整体环境的优化、全域旅游氛围的营造、良好有序的秩序维护等工作。这些工作多为外部推进工作,针对一个区域的发展,具有准公共产品的性质,若是全部放到市场,很难做到资源配置健康发展。诸多工作中,要重点把握四个"大力主推",即推动产业、推广经验、推向市场、推行标准。首先,通过鼓励政策的引导,推动产业发展,提高农民的积极性,大力发展乡村旅游产业融合;其次,通过培育典型,重点示范,以点带面,推广经验,对广大农民而言,这样既有发展的动力,又有学习的榜样,提升了广泛参与乡村旅游发展的可行性;再次,市场观念的培育,让农民在经营中学会把目光放在需求分析上,而不再埋头按照自己习惯的方式发展,建设与普及市场意识和服务意识,进一步提升乡村居民的市场适应能力和服务能力;最后,对于政府来讲,引导规范化建设,推行相关标准,进行规范化管理,如此发展,乡村旅游方能大有作为。

为了更加有效地推动乡村旅游产业融合的发展，政府应该发挥市场的主动性，并与市场配合。依据客观分析，乡村旅游业若想长足发展以及进行良好的产业融合，要对其根本动力——市场需求有清晰明确的认知。在我国，政府在旅游业的管理中一直发挥重要的作用，政府的主导在一定程度上可以维持旅游业的稳定发展，但是从长期看，政府的主宰不利于旅游业的长久和谐可持续发展。政府在乡村旅游产业融合发展中，应该起到推动的作用，政府应该与市场进行良性互动、相互配合，在乡村旅游产业融合的发展中，政府与市场不可或缺。政府应该避免因层级间的障碍造成的上下级之间的沟通不畅，上级部门及时将相关政策传达解读，地方政府则应及时将本地乡村旅游产业融合的实际情况反映到政府中去，并采取一些积极合理的措施。再者，市场的力量在乡村旅游产业融合的发展中还需要增强，根据市场机制来推动资源匹配、优化产业结构、促进乡村旅游产业融合的发展。

在乡村旅游市场开拓的过程中，政府还应该与市场配合，做好品牌营销策略。品牌是一笔巨大的财富，品牌效应可以极大地促进乡村旅游景区的市场开拓工作，提高其知名度，为景区带来巨大的效益。山东省政府曾经过长期的酝酿与策划，提出了新的旅游形象标识"好客山东"，并将其英文版本"Friendly Shandong"推向国际市场。滕州乡村旅游景区在受益的同时，也应该受到启示，设计出充分反映本地特色的宣传口号与形象标识，打造属于自己的品牌。

（三）规范管理实施者

目前，我国针对乡村旅游而制定的相关政策和法律法规还远远不够，甚至有些乡村旅游景区在经营管理方面存在无法可依、无策可循的混乱现象，使游客的乡村旅游体验很差。如"黑社""黑导""乱收费""宰客""强迫购物"等问题，皆与政府缺乏规范的管理有关。因此政府应该做好乡村旅游产业融合的规范管理，出台相应的管理条例，对景区经营活动和服务人员进行规范有效的管理。同时加大执法力度，对景区

第六章 基于产业融合的乡村旅游发展思路

中的"黑社""黑导"等进行严格管制,树立好的乡村旅游形象。

政府在进行乡村旅游规范管理时,应当更加关注管理的目的与过程。我国现有的乡村旅游管理中,存在着一种现象:政府部门往往忽略管理的目的与过程,而比较看重管理的结果,这就会出现在乡村旅游发展中治标不治本的问题,忽视对于根源问题的治理。我国政府每年都会投入大量的人力、物力、财力在全国各地的乡村旅游管理上,若是用投入产出比进行衡量的话,可以发现效果非常不理想。究其原因是一些根源性的问题没有达成共识,在乡村旅游管理当中还存在很多分歧,甚至很多地方的领导以及政策注重短期业绩,而忽略了乡村旅游的内涵及本质属性。就一些可以预见到的问题而言,没有备选方案,没有提上日程,因此,在乡村旅游业发展的过程中,问题往往日益积累。目前在我国的一些乡村旅游景区,就出现了很多有代表性的问题:当地政府为了政绩,不顾实际发展情况,将一些项目盲目上马、过度开发等;破坏了旅游资源的可持续发展,甚至对一些乡村文明造成不可挽回的破坏性开发,抑制了乡村旅游和谐发展。

由于乡村旅游业与其他产业的融合发展涉及多个产业领域,关系到不同的部门,因此在乡村旅游产业融合实践中,政府需要理顺方方面面的关系,使其综合化、常规化,而不是局限于旅游部门单方面的监管。

(四)政策支持者

在乡村旅游产业融合发展中,政府应该制定相关的法律政策,使乡村旅游开发建设、管理运营能够有法可依。只有制定了相关的法律法规,人们才会意识到乡村旅游市场的发展需要遵守规则、需要各方维护发展秩序。我国乡村旅游产业快速发展,出现诸多问题。比如,旅游景点生态资源破坏严重,环境严重污染,而当地政府却只注重对于旅游地的经济发展,衡量指标也是硬性的经济指标,如年接待游客量、年旅游收入等直观的经济数据,而忽略了环境的可持续发展问题。随着生态环境的破坏性开发,从整体层面上看,如今我国大力倡导的全域旅游受到极大的限制,在对很多旅游景点的可持续发展评价上,评级甚至已经列为极度不可持续发展，过早地进入了旅游目的地生命周期里的衰退期。有鉴于此，政府应着眼于未来的可持续发展，制定相关的法律法规政策，为乡村旅游发展保驾护航。同时强化法律法规政策的落地，在执行过程中，与地方旅游行政部门密切配合，进一步推动我国旅游业的可持续发展，实现全域旅游的美好愿景。

在乡村旅游的成长阶段，乡村旅游作为一种特殊的旅游形式已经被大众认可接受，各类投资主体纷纷加入进来，因此乡村旅游的经营主体日益丰富，呈现多元化趋势。随着交通条件、基础建设的日益完善，乡村旅游目的地的有效辐射范围逐渐扩大，从周边城区逐步外延，有的甚至打入国际市场，形成了一定的市场规模。乡村旅游带来的直接和间接收入不断增加，受益人口规模逐渐扩大。在该阶段，因为企业行为的增多，带来经济收益增加的同时，对乡村的生态环境以及乡村文化遗产等也造成很多负面影响，而且在以游客为主体的城市文化面前，乡村文明受到很大冲击，乡村居民心里会对城市文明产生趋同感，长此以往，一部分农村传统文化可能会衰减甚至消失。

政府还应该为乡村旅游产业融合出台相应的扶持政策，为推动乡村旅游发展，政府需出台各种政策优惠、财政支持等，还要重视产业规模和产业结构的协调发展，提升效率和效益；在政府管理层面，要加强行业管理，制度化、规范化、常规化，形成健康有序的市场秩序。

二、科学化的政府行为构建

依据行业发展周期理论，在乡村旅游发展的初级阶段，市场机制的调节作用尚未显现，政府主导性强。乡村旅游发展的推动主要是源于政府，很多问题区域性特征明显，主要依靠政府解决。所以在初期，政府的主要作用表现在宏观上做好规划，保证区域发展的均衡性和产业发展的驱动力，行动上做好引导，多方筹措资金，进行乡村公共服务设施建设，政策上做到扶持，利用媒介的力量进行宣传，为乡村旅游开发打造服务。

政府此时主要是宏观指导，尤其需要注意的是，政府不是经济行为主体，绝对不能直接干预乡村旅游的发展，政府工作要围绕其行政服务职能展开。

伴随着乡村旅游的发展，投资主体日趋多元化，市场机制开始在乡村旅游的发展中起主导作用。政府应该积极转变角色，逐步退出乡村旅游的开发经营管理，不能再以乡村旅游开发的主体出现。同时大力倡导、积极扶持乡村旅游协会等公众组织、社会组织、非营利组织的发展，在类似的社会组织发展中，政府要避免对他们的干涉，但也不能放任不管。所以，政府相关部门对非营利组织要进行直接指导、间接引导，在该阶段，政府需要以"服务者"的角色出现乡村旅游业中。

(一) 中央政府宏观调控

1. 制定政策，保证乡村旅游的可持续发展

乡村旅游可持续发展的关键在于保持乡村性或者称为乡村的原真性。具体来说，从经营规模考量，要小而美，所有权是本地人所拥有，所在社区积极参与，除经济的可持续发展外，社会文化与环境均要可持续。从全国区域的乡村旅游发展来看，不同地区差异很大，发展水平参差不齐。绝大多数的乡村旅游没有规划，只关注短期经济利益回报，几乎没有保护性开发的理念，总体缺乏可持续发展策略规划。

乡村旅游资源的多样性和分布的广泛性，生态环境的脆弱性以及乡村居民总体素质的不足、公共基础设施的欠缺，决定了乡村旅游资源的开发必须通过政府来做总体规划，合理匹配资源，进行产品结构规划，完善基础设施建设，同时还要以发展的动态的观念来衡量市场的变化趋势，以及区域内旅游资源的可持续性发展。

2. 制定并完善相应的法律法规

旅游业的交叉性很强，而且其产业边界性非常模糊，涉及很多行业，如第一产业中的农业、第二产业中的工业和制造业、第三产业中的其他服务业等。所以旅游业的发展既要考虑旅游行业的特殊性，又要考虑到不同行业间的协调发展。为了保证旅游业的规范发展，政府作为产

业发展设计者,应该建设完善相应的法律条例。乡村旅游尽管只是旅游产业的一种产品形式,但是却有其特殊性,具体涉及农村生产生活环境、特有的乡村农耕文化、比较脆弱的生态平衡等,为了保证乡村旅游的健康发展,更应该有专门的法律。例如,乡村旅游的开发中,自然存在着一定程度的破坏,甚至带来乡村文明的毁灭。因此,通过立法,明确在制定乡村旅游业的发展规划时,什么可以做,如何做,什么不可以做,这是乡村旅游发展中的纲要性的指导。

乡村旅游市场化的健康运作,需要有严格的法律规范体系来保障,乡村旅游所涉及的地理空间很大、乡村旅游产品具有很强的综合性,乡村旅游供给方面具有准公共性,乡村旅游在经营上具有宽泛性等特点,为了保证乡村旅游的健康成长,必须有健全和完善的法律法规。因此,从中央到地方,各级政府都要从实际出发,研究制定既有战略统率性,又针对实际发展的地方性法律和条例。另外,在企业管理层面注意完善相关的管理制度,如此从业者才有法可依、有章可循,进而通过乡村旅游业内相关利益群体的共同努力,营造乡村旅游市场健康完备的法治环境。

3. 加强监管考核,确保地方旅游产业的良性发展

上级政府部门有监管考核的义务和责任,考核指标往往是地方政府发展相关产业的风向标。为了确保乡村旅游产业的健康发展,使得地方政府在保证乡村的整体长远利益的前提下发展局部短期利益,上级政府考核应该使长远的生态指标、文化指标、长远指标与当下的经济指标和短期指标达到均衡。

在政府部门对下级政府考核的时候,要厘清旅游的发展概念,尤其是乡村旅游,所涉及的范围、带来的影响、居民生活环境的改变等等,都要考虑进来。在关注经济发展的同时,如何在考核体系中体现出生态指标、文化指标以及其他社会精神文明的资料,这是政府部门需要进行宏观把握的一个出发点。

第六章 基于产业融合的乡村旅游发展思路

4. 旅游政策引导

作为市场主要因素的资本具有天然的逐利性,因此政府部门需要通过旅游产业政策的制定,突出发展的方向性与倾向性,针对旅游开发商和旅游企业的纯粹的市场经济行为来引导调控,规避一些短视的市场行为。对一些全局性的问题如产业结构、产业空间布局、产业发展战略定位、战略目标界定等从宏观方面把握。

5. 推动乡村旅游行业协会发展

乡村旅游发展不断趋于成熟,发展管理机制不断趋于完备,乡村旅游市场也不断完善,非常态的因素慢慢消退,政府不宜再具体参与进来。旅游行业协会等非营利组织的重要性,在乡村旅游业发展中逐渐显现出来。行业协会的建立基础是从业者与政府等相关群体具有共同利益,在把分散的从业者联合起来,进行协调、权益保障的方面,乡村旅游行业协会起着桥梁的作用,在政府与具体行业从业者之间沟通协调。对政府来说,行业协会起着参谋的作用,能够提出具体建议,及时地向政府进行信息反馈;在乡村旅游行业内部,行业协会起到了规范作用,规范督促本行业从业者遵守政府的法规政策。按照发达国家的惯例,当市场较为成熟后可以将某些权力,如农家乐的星级评定、行业集体营销等放权给行业协会,政府只是在幕后做支持和协助的工作。

(二)地方政府微观管理

地方政府在发展旅游、旅游管理中首先要做的就是制定本地的旅游发展规划。要以国家宏观旅游政策为发展依据,基于本地区的特色,充分考虑研究借鉴国内外优秀的发展个案,并且由专门的部门来负责执行。

1. 制定旅游规划

凡事预则立,不预则废,制定计划是成功管理的前提。同样,乡村旅游若想得到健康可持续的发展,必须有战略规划。在我国的乡村旅游发展中,战略规划赋予了很多不同的色彩,如社会主义新农村建设、最美乡村建设、城乡统筹、扶贫攻关、小城镇建设、乡愁记忆工程等概念，都和乡村旅游息息相关。在把握乡村旅游开发共性的基础上，还要注意挖掘个性的东西，体现其发展中的差异化，如本土文化、风土人情等，用来体现特有的乡村意象。另外在进行环境分析的时候，需要充分考虑当地的优势资源特性、旅游市场的分布，进行不同的区域市场设计，界定其现实需求和潜在需求，通过市场调研与预测，科学地把握旅游市场规模和发展趋势。

在规划的时候，对布局、基础设施等要进行科学论证，旅游规划应由有资质的公司、政府官员等进行实地考察、科学论证，避免规划的盲目性。

2. 提供公共产品

在发展乡村旅游的过程中，为了提高可进入性，应该积极改造农村的基础设施、道路交通设施，使得人流车流畅通，进得来出得去，完善水、电、通信等基础设施。建立急救中心、停车场所、垃圾处理场所等均需要合理规划，既要考虑到旅游规模的大小，又要尽量体现乡村的地域特性。此外，乡村旅游地形象属于公共产品，必须由政府来创建本地旅游品牌、进行旅游地营销、开展公共关系宣传等。

3. 提供资金支持

提倡筹措资金多元化，通过政府有效宣传与引导，使各方充分认识到旅游发展的长远性与回报价值，以调动各方参与的积极性。另外，各种筹资方式和资金使用方式不断创新，从而进一步提高资金使用效率。

首先，积极争取国家、省、市旅游局对乡村旅游的资金扶持、社会资金支持、商业银行融资支持、贴息或低息贷款支持和宣传营销支持。

其次，鼓励本地居民自筹资金，自主开发旅游业，充分调动区域内人力、物力、财力，采取各种形式，集中吸纳区内各种闲散资金、自筹资金进行旅游开发。

再次，对旅游六要素中具备经营条件的基础项目，如交通、购物、餐饮、酒店、文化中心、娱乐项目等，可以借鉴其成功的特许经营方式进行招商运营，让专业的企业来做专业的事情。

最后，采用"货币—资源—知识产权"三位一体的融资模式，对新开发旅游资源采取竞标的方式，有偿出让经营权。利用旅游目的地的各种场所，有目的有计划地规划游客路线，开发各种广告载体，也可以通过各种旅游标志商品的开发，建设一种新的广告媒体形式，通过各种资源整合、开发形式的多元化，促进融资模式的创新。

另外，可以设立旅游发展基金。该种专款专用的融资模式目前被很多地方尝试，并取得一定的成绩。基金来源方式因地制宜，比较灵活，主要渠道有三种。第一种来源于地方财政，改划拨方式为贷款形式先行投入，然后贯彻"谁使用，谁还贷"的原则逐年偿还；第二种以税收的形式向旅游经营企业征收，通过转交，汇入"旅游发展基金"专户；第三种来源于旅游企业，待旅游业盈利之后，提取适当比例的旅游业收入作为旅游发展基金。

4. 提供人力资源支持

在吸引人才方面出台各项优惠政策措施，吸引高素质人才就业或创业。使用人才方面，遵循人力资源匹配原则，考虑背景与专业需求，建立人才发展机制，权责匹配，择优选用，不因人设岗。

顺应教育产业发展、教育消费扩大的时势，与高校合作，开展多层次、多渠道的乡村旅游教育培训，提高从业人员理论水平和专业技能，提高乡村旅游接待水平。

建立人才信息库，基于信息和网络发展，促进人才合理流动，推进旅游人才专业市场建设，让市场起配置作用，为实现旅游人才的价值搭建平台。培训就业与人事管理相结合，明确各种培训与上岗的制度。普及岗前培训，加强在岗培训，按照水平、能力及贡献大小使用人才。引导现有旅游业从业人员尤其是专业人员，进一步拓宽专业能力，提升管理能力，成为复合型专业人才。

通过管理，充分调动员工积极性，推进服务的个性化，在旅游区运行成本最优化的条件下，实现服务与管理的高起点、高标准、高质量要求。

5. 解决乡村旅游的外部性

检查、整顿旅游市场秩序和服务质量，并组织综合治理旅游区内吃、住、游、行、娱等相关设施建设和服务的标准，以确保游客的安全、使其满意等。

6. 建立危机的预警系统以及管理系统

旅游业涉及多个部门和产业，受众多环境因素、政策、技术发展、经济环境和消费意愿、环境安全、产业、市场需求、其他旅游地的竞争等多方面的影响。同时，也会深受旅游目的地的资源吸引力、产品开发、市场开拓等因素的制约，因此旅游业发展的波动性比较大。在乡村旅游的发展过程中，往往会有一些突发事件，这就需要政府的预警机制。在事件发生时由政府相关危机管理部门迅速反应，制定出相关的应对措施，进行危机管理。

成立旅游信息服务中心，收集、加工、存储、发布旅游区信息，为领导决策提供依据，为广大游客和旅游企业提供信息咨询服务。在条件允许的前提下，建立以信息技术为媒介的信息收集发布渠道。

就目前来看，很多开发成功的乡村旅游案例，都体现了地方政府的主导作用。如滕州市政府高度重视旅游业的发展，通过旅游精品项目建设提升产业竞争力；高度重视全面规划对产业发展的引领作用，出重金、请高手，编制总体规划和单体规划、专项规划等。

第二节　产业政策整合，保障乡村旅游产业融合发展

政府应加大对旅游业的政策扶持力度，通过政策进行资源配置引导，制定出适合本地旅游业发展的优惠政策，主要包括以下六个方面。

一、产业开放政策

引进和借鉴国内外管理方法与经验，提高服务能力和管理水平，探

索改革管理体制和经营组织多种途径。引进专业管理公司，所有权与经营权分开，特许经营制度，政企分开等等。

二、产业优先政策

在区域整体发展背景下，选择优先发展区和重点旅游区，进行优先开发，建立并完善旅游产业优先发展保障制度。基于可持续发展的战略目标，建立生态旅游示范区、旅游扶贫试验区和旅游度假区，享受同类开发区政策支持。

三、财政倾斜政策

增加财政投入，主要用于旅游形象宣传、宏观管理、规划开发、奖励促进、加强旅游基础设施建设等。

四、招商引资政策

制定旅游开发招商引资优惠政策，创造最佳的投资环境，鼓励企业、乡镇、个人参与投资，给予税收、土地等方面的优惠政策。

五、奖励促进政策

对在乡村旅游品牌创建中，取得不同级别的荣誉称号的企业，进行奖励；对在组团、促销等方面做出突出贡献的旅行社和企业予以奖励。

六、其他相关政策

制定优惠政策，积极引进不同层次的旅游专业管理人才；开展专业研究、信息咨询、人员培训等方面的交流合作，学习其他地区的先进技术和经验，为旅游业发展提供保障。

第三节 产品集成,调整乡村旅游产品供给

一、旅游体系内部融合:将乡村旅游融入城市休闲体系

长期以来,城市旅游与乡村旅游从概念界定、市场开发、产品挖掘等方面,一直是不关联的两个概念。如何把城市旅游资源和乡村旅游资源整合起来,形成区域旅游市场的连接,是当下发展旅游业区域联动的一个重要问题,具有很强的现实意义。我国城乡经济二元化的突破也需要一个带动性强的切入点,而旅游产业的边界模糊性、旅游市场的一体性对于统筹城乡经济发展具有不可替代的重要作用。要消除这种城乡旅游开发的阻碍,必须努力构建连接城市与乡村的旅游产业链条。

二、利用融合推动乡村全域旅游创意产品开发

要树立乡村全域旅游的开发理念,将整个乡村作为旅游吸引物,促进城市和乡村旅游发展的一体化,对资源和要素进行整合。突出旅游产业主导性不是简单地做加法,而是需要融合发展,社会资源和生产要素的优化配置紧密围绕旅游业展开,从而发展成为一个布局合理、形象突出、要素完备、魅力十足的旅游目的地。

三、推进乡村旅游产品开发的集群化

在乡村,单个景区的吸引物往往比较单一,留住游客能力有限,因此要用产品组合的观念打造旅游产品的集体概念,突破靠单一景区来发展的既有模式,可以通过合理设计,使一定区域内景区由点状分布形成网式结构,如成都市三圣乡的五朵金花,就是一个乡村旅游集群化发展的经典个案。通过这种设计,既可以提升旅游区域的产品开发、品牌传播,又可以提升游客的满意度。

为了实现乡村旅游产品开发集群化,首先,政府的力量应该充分体

现。加强基础建设，加强景区间的交通建设，提高各景区间的交通便利性，降低游客的时间成本和交通成本。其次，在各景区间，建立一个共同的管理平台，加强联系。同时不断创新各自特色，形成"一村一品"，降低旅游产品的同质化。再次，通过联合营销的方式推广一个主题，形成大乡村旅游的概念。最后，针对不同诉求的群体，合理设计旅游路线，真正体现当地乡村旅游的特色，着力于提高游客的停留时间，进一步开发吸引游客体验的空间。

依据乡村旅游所涉及的不同环节，也可以从田园风光、民俗文化展示、乡村旅游服务企业以及乡村旅游支撑机构的方面来界定乡村旅游产业集群。

第四节 路径通融，创新乡村旅游产业融合方式

乡村旅游具有旅游行业的一般特征，可以提供比较灵活的就业方式，对劳动力的素质要求不高，产业关联性强。但旅游者的要求也在不断发生变化，他们越来越关注旅游产品多样性、关注旅游活动的代入程度带来的体验，这就给乡村旅游的发展提出了问题，如何在把握乡村旅游本质属性的基础上进行提质升级。结合滕州当地的产业发展实际情况，就如何依托本土优势资源，进行产业链的延伸以及农业与旅游业结合、工业与旅游业结合、文化创意产业发展等，提出如下思路。

一、依托农副产品，实现产品整体概念的挖掘

建设好特色旅游商品生产基地，是带动开放、挖掘潜力、培育核心竞争力的重要途径；是促进就业、建设新农村、构建和谐社会的重大举措；是加快追赶型、跨越式发展的必然要求；是提升对外形象、树立旅游品牌、促进经济又好又快发展的迫切需要。

二、依托特色农产品基地，实现"农业＋旅游"的融合

以市场为导向，以结构调整为主线，努力培植资源有优势、产品有

特色、生产有规模、销售有市场的主导产业和主导产品。同时按照"区域化布局，规模化发展，产业化经营"的思路，建成粮油基地、有机蔬菜生产基地、特色果林种植基地、花卉生产基地以及现代农业基地，重点培育有机蔬菜、富硒粮食、经济果林、畜牧养殖、特色花卉五大特色主导产业。

在此基础上，借鉴刘村万亩梨园、龙庄农业科技园区的经验，以"基地风光游"为依托，以"农事体验游"为轴心，以"特色旅游消费"为提升，通过整合旅游资源、打造旅游产品组合、改善并且增加旅游供给，把乡村旅游产业的重要试点进一步做大做强，最终创建全国农业旅游示范点，促进经济结构调整和经济社会发展，解决就业再就业问题，培育工农业经济新的增长点。

三、依托独特的民俗文化，实现"创意+旅游"的融合

在挖掘墨子文化、鲁班文化、奚仲文化、民间戏曲文化以及民俗文化的同时，应该将多项传统节事与民俗活动统筹组织、整合推介，全方位打造滕州民俗旅游文化节，如"梨花会""湿地鱼鲜美食节""善国自助采摘节"等，以节促旅、以会带市，提高滕州市旅游知名度和影响力，聚集人气、推动发展。

同时在微山湖湿地、葫芦套村打造创意产业园区，吸收大量优秀原创画家进行创作，吸引涉及画工培训、行画及画框制作、艺术品设计生产及艺术品销售的商业机构入驻，吸收当地居民参与文化产业，达到一方面吸引当地居民就业，另一方面丰富扩大旅游纪念品种类，并推动当地旅游工艺品市场向特色化、多元化发展态势转变的效果。

四、依托当地现代农业，开发健康有机餐饮，拉长产业链

以现代农业基地为平台，各类有机农产品为主体，借助龙阳绿萝卜、界河马铃薯、姜屯大葱等已有知名品牌，结合旅游餐饮所提倡的健

康饮食，以"体验有机生活，享受健康饮食"为主题，根据各地特色开发健康有机餐饮，提出"有机鱼鲜汇""有机果蔬宴"等有机餐饮品牌。

五、依托现有土地民居，实现"养老＋地产＋旅游"的融合

在当今形势下，要实施完善的土地流转政策，大力发展规模化农业、生产要素集约化、农业生过程标准化以及引进现代产业化经营，建立健全农村土地流转机制，发挥政府和市场各自的作用，尊重农民的意愿，从而促进农业增效、农民收入增加以及促进农村经济健康稳步发展。发展乡村旅游能够创造就业岗位，合理安置农村富余劳动力，使其离土不离乡，并拓宽了农民增收渠道。同时，莲青山、红荷湿地等区域应积极发展特色旅游，发展以休闲度假为目的，以旅游项目为依托，以优美的景观和良好的配套设施为支撑的地产项目，尤其是针对当下的老龄化以及养老问题，可以有选择地打造城市老人的第二居所，发展老年的休闲度假旅游市场。

第五节　管理模式创新，优化乡村旅游产业链

乡村旅游特色化、品牌化、规范化和规模化是乡村旅游最终走上产业化的必经之路。其间，乡村旅游的组织管理模式应关注以下内容。

一、组建成大的旅游企业集团，提高组织化程度，全要素发展

旅游服务涉及面广、产业链长，因此其分工不宜过细过窄，适宜培育多要素乃至全要素企业。要保证乡村旅游的高层次发展，提高组织化程度非常关键。

二、统筹安排、科学规划，实现优势互补

制定规划，制定支持发展乡村旅游地方政策，建立乡村旅游地方标

准，多方筹措资金，不同乡村进行"一村一品"开发建设，完善公共基础设施的建设维护，培训乡村旅游业从业人员，促进乡村旅游产品的供给，以及城乡之间的联动等，都离不开政府的统筹安排、科学规划。

三、建立利益连接机制，培养联动发展模式

乡村旅游产业化若想健康发展，关键和核心在于建立利益连接机制以及联动发展模式。以旅游业为龙头的价值链的形成与完善，需要通过发挥乡村旅游的乘数效应，发挥旅游产业的拉动功能，促进关联产业的发展。联动发展模式的建立主要围绕不同的产业，形成广义上的产业价值链，如旅—农—工—贸，从而促进农村产业结构调整。围绕乡村旅游，其构成要素吃、住、行、游、购、娱可以分别延伸到美食、餐饮、宾馆、民宿、农业、产品深加工、运输、房地产、体育业、创意文化等等。因此，围绕乡村旅游结合不同产业开展不同的活动，进而会带动生产要素市场，如信息、资金、技术等的发展。长远看来，通过利益联动，对农业产业化的进程能够起到加速作用。

四、乡村旅游业态和模式创新

在乡村和乡村旅游的发展中，市场经济的规律和要求始终是基本原则。现实发展中客观存在着部门、区域、相关者的各自利益和诉求，因此需要突破局限，站在大区域、大市场、大旅游的高度，实行政府主导、企业经营的创新战略，全面推进乡村旅游的发展。

目前，乡村旅游产品形式普遍比较单一，很多地方乡村旅游缺乏特色和个性，为了改变这种现状，需要对乡村旅游发展业态与模式进行丰富和创新，在满足不断发展变化的旅游需求的同时，推进普通农户通过旅游发展业态和模式的改变，扩大规模、形成规模效益、提高品质、打造精品、形成品牌、树立差异性。

乡村旅游经济的发展路径很多，如依托传统村落建设旅游村镇、与生态农业结合营造生态农业新村、在政策扶持下开发旅游扶贫区、以高

科技农业为主题打造观光园等，建设依托知名景区、民族民俗文化村落、历史文化村落、农业产业集聚区发展等不同类型的乡村旅游集聚区或综合体；在乡村旅游业态上，要因地制宜，构建多元业态；在乡村旅游模式上，在依据共性的理论基础上，凸显个性，围绕当地独具特色的资源和主要的目标市场需求不断探索，发展乡村旅游的模式。

第六节 全方位营销模式创新，加速乡村旅游产业融合

一、品牌营销策略

目前在市场营销实践与理论体系中，品牌战略居于主导地位。首先，通过品牌建设和传播，可以突出旅游产品或服务的特色，与竞争者相比有良好的传播点；其次，品牌传播对于旅游形象的树立具有不可替代的作用；再次，通过品牌传播，可以加深消费者的认知，进而提高旅游者的购买率和重购率；最后，通过品牌构建与传播，形成企业的品牌资产，是体现旅游企业的综合竞争力的重要组成部分。

对于乡村旅游目的地来说，品牌区别于一般的实体产品和服务。首先，一个优秀的乡村旅游目的地的需要依托丰富的旅游资源；其次，乡村旅游知名品牌的打造，同样离不开优质的服务。因此，在乡村旅游品牌建设与传播中，要对自身条件有清晰的认知，如自身资源、市场需求偏好、竞争企业等。在市场选择上，要注意发展先后顺序。往往是由近及远，先易后难，先省内市场，再周边省份，后国际市场。通过选择不同的平台，不断地宣传促销，树立旅游形象，提升旅游品质，保证乡村旅游品牌的市场影响力。

很多地方的乡村旅游品牌，在品牌建设的过程中缺乏自身独特文化价值的挖掘与包装，而且存在着跟风的现象。比如，在成都三圣乡五朵

金花的品牌打响之后，很多地方在打造乡村旅游品牌的时候，往往会用类似于五朵金花的名称，如滕州市的乡村旅游品牌建设也在做一个五朵金花的概念，从名称的命名，到具体的旅游目的地景点的构成，有很深的成都三圣乡的影子。

二、整合营销传播策略

该策略源于美国的整合营销传播理论，其在开拓发展市场、提升旅游品牌形象、促进规模发展、提升消费者购买意愿等方面具有重要的作用。

（一）同一地理空间内的不同乡村旅游产品之间的整合营销

在同一区域范围内，乡村旅游产品之间要形成一种良好的竞争与合作的关系。目前，很多乡村旅游产品存在着严重同质化的现象，尤其是以农家乐为代表的最初的乡村旅游产品开发，在相对集中的地理范围内，难免会发生恶性竞争。从长远的发展来看，这无论对游客还是对业主，都存在很大的风险。

因此，在开发乡村旅游的时候，应主张"一村一品"，在同一区域范围内，形成可以互补的合作关系。以政府主导推进，强调整体形象和品牌，实行整合营销，共同培育开发市场。既降低了经营风险，避免了恶性竞争，又增强了对游客的吸引力。

（二）不同区域间的联合营销

乡村旅游产品的行政区划以县市区一级为主，乃至于乡镇一级，其拥有的资源有限、资金不足，传播的影响也极其有限。因此，营销还应考虑主动纳入市、地区等更大区域的联合营销中去，尤其要考虑与主要景区进行联合，形成联动模式，也可以考虑寻找成熟的旅游市场进行依托，进行游客引导开发乡村旅游市场。

以泰安市岱岳区和泰山区的乡村旅游景点为例，这两个区具有明显的地理空间优势，环泰山分布，泰山就是最好的可以捆绑的平台。而且在市场宣传的过程中,泰山的知名度和美誉度也为这两个区的乡村旅游做了良好的背书。

(三) 不同的营销传播手段的综合运用

在市场营销传播的概念里面,传播的手段多种多样,其中比较经典的手段有广告、人员推销、公共关系和营业推广。目前,越来越多的地方政府开始关注旅游目的地形象广告的打造,在不同的营销传播手段里面,它们所起的作用、花费的成本以及影响的范围是有差别的。因此,在营销传播的过程中,要进行深入系统的分析,针对当地乡村旅游目的地的定位和目标市场,进行有针对性的营销传播手段的组合。

(四) 不同传播媒介的综合运用

随着互联网、移动通信手段和网络技术的飞速发展,各种新型的信息获得方式越来越普及、便捷。这就给乡村旅游的传播提出转变思路的要求,在关注传统优势媒介的同时,还要关注各种各样的新媒体信息传播。

1. 传统媒体

(1) 借助目标客源地传统媒体

借助目标客源地报纸、杂志、电视、广播、户外广告等传统媒体宣传旅游区的旅游形象及旅游产品,不断扩大宣传推广范围和提高旅游区知名度。

(2) 分发旅游宣传册等材料

积极参加旅游推介会和说明会以及各种旅游会展,向当地旅游业界和游客派发旅游宣传册、促销单张、旅游地图等各类宣传资料。

(3) 与专业旅游杂志合作,形成营销软文

在专业策划的基础上,与国内重要旅游杂志合作,形成一定量的营销软文,营造正面舆论规模,不断传播新的乡村旅游形象。

2. 网络媒体

网络营销方式应充分发挥新媒体的作用,面对不断变化的市场要

求，新媒体在选择上主要分为三类：网络新媒体、移动新媒体和数字新媒体，重点实施微博、微信、微电影、微视频和微图的五微营销。

（1）网络新媒体

主要包括各大门户网站（如携程、艺龙、新浪、搜狐），电子邮件/即时通信/对话链、博客/播客、网络文学、网络动画、网络游戏、网络杂志、网络广播、网络电视等。重点关注微博及社交网络的"病毒式"传播的口碑宣传方式，对旅游区进行"病毒式"传播。

（2）手机新媒体

有智能手机应用程序软件、手机短信/彩信、手机报/出版物、手机电视/广播等。

（3）数字新媒体

数字新媒体广告投放包括数字电视、IPTV、移动电视、楼宇电视、城市多媒体终端等。在一级目标客源市场的火车站、飞机场、饭店大厅、大型购物中心、重要的景区景点和旅游咨询中心等地，开展旅游营销宣传。

3. 公共关系渠道

（1）公关营销

整合社会资源，分析贴近目标市场的各种社会活动、政府公关活动、有关的专业组织会议等进行品牌植入。

（2）名人营销

明确分析当地的文化资源、自然资源等，把握其特质，遴选聘请具有共性的名人进行相关的市场推广活动；或者根据实际情况安排名家名人参与活动，利用名人效应，进行旅游目的地的营销。

（3）会展营销

会议展览因其影响效果逐渐被地方政府部门接受，尤其是高规格会议，其会议效应往往可以形成旅游宣传的亮点；而且会议效应的融入性与持续性比较可取。除了主动举办会议以外，还要主动走出去，通过选择主要市场，从而精心准备参加国内外重要旅游交易会。

(4) 文化营销

文化与旅游具有天生的渊源，可以走官方渠道如申报世界文化遗产或者非物质文化遗产等，但文化营销难在历史文化的物化与实体转化。

4. 专项营销渠道

(1) 旅行社营销

与国内大型旅行社进行合作推广精品线路，借助知名旅行社的渠道，分销旅游区的旅游产品；与目标客源市场的旅行社建立良好的合作关系，定期组织认知之旅，使其了解旅游区的特色，同时针对不同目标市场的旅行社提供不同的优惠套餐，以求最大力度地吸引当地游客。

(2) 行业协会营销

建议乡村旅游点加入不同的行业协会，利用行业协会的渠道进行精准销售。

(3) 旅游大篷车促销

面向大众市民，在城市中心区和人流密集的商业广场、商业街，采取使用旅游大篷车的方式开展宣传促销活动。

(4) 社区促销

深入社区，拓展周末休闲市场，针对几个主要客源市场，组织旅游区营销小分队直接深入其中的大型社区，特别是高端住宅区和高端酒店区等，开展促销宣传活动。

三、有效区分市场，采用多维营销策略

在市场营销中，基于市场细分、市场定位和目标市场选择的目标市场营销战略，是非常有效的。在乡村旅游的市场发展中，该理论同样适用。很多研究从地理空间分布和有效辐射范围着眼来研究乡村旅游的市场发展，因此，在乡村旅游的市场发展过程中，有必要结合市场的细分和产业的生命周期，进行短期、中期和长期的市场开发布局。

四、节庆活动发展策略

近 20 多年来，大部分地方政府以"节庆"为主题，通过传统节庆

或者人造节庆，用节庆活动气氛刺激消费者，开展一系列的营销活动。具有当地特色的节庆文化活动，能够有效地吸引目标市场的关注，在营销表现上逐渐成为亮点。

旅游节庆活动，越来越成为发展地方乡村旅游的一个重要抓手和一面旗帜。在旅游节庆活动的设计中，早期的一些活动以农业资源和民风民俗为主，现在的节庆活动越来越强调文化价值的挖掘，以及游客的互动体验。

节庆活动除了本身是一种独特的旅游资源，还是当地的品牌形象的外化，是其进行传播的发力点。因此，在设计节庆活动时，除注意凸显与本地旅游资源的结合以外，还要尽可能打造新民俗。同时，淡季错峰举办时效性较差的活动，可以有效激活淡季旅游市场。

第七节 保障乡村旅行社区利益，稳定乡村旅游融合发展

一、建立社区居民参与机制

（一）建立乡村旅游合作社

由合作社对其境内的资源进行统一管理，对其拥有的果树、农田进行统一规划、综合开发，农民以自家的土地、果树和现金等多种方式加入合作社，设置灵活的股权，在不改变原土地承包关系的前提下实现土地的集约利用。

（二）全程参与景区规划与建设

客观上讲，旅游景区（点）真正的主人是社区居民，在旅游规划发展和如何实施旅游发展的决策方面他们应该有发言权。倘若旅游发展决策缺少社区居民参与，那么很难保证社区居民在旅游开发中受益。

(三) 对社区进行旅游教育与培训

随着农村青壮年劳动力向外流动，社区居民以老人和妇女居多，旅游服务的意识比较淡薄，旅游知识与技能相对匮乏，若想让他们从旅游开发中受益，必须引导其参与到旅游开发中，因此必须对他们进行培训，补充相关知识。

二、建立规范的利益分配机制

建立利益分配机制要求：一是兼顾效率、公平。旅游开发商、地方政府、社区居民进行利益分配时，需要按照生产要素的贡献，如资本、土地、技术、资源、管理、劳动等，保证开发各方的应有收益；二是体现公正、人本。旅游开发所带来的社会成本应该在利益分配时被重视起来，资源损耗和环境损失应该被充分考虑，并对之进行生态补偿。

(一) 明确旅游资源产权，并进行资产评估

旅游资源产权界定是合理分配旅游开发利益的先决条件，必须客观公正地进行。资本和各种旅游资源作为基本要素，应建立有偿使用制度。根据规定的评估体系，为显示旅游资源资产价值，则必须由专业的评估机构进行综合评估。

(二) 形成补偿机制多元化

对资源与环境的影响是旅游开发不可避免的结果，作为影响的直接承担者，社区居民有权利获得一定的补偿，作为开发者、经营者等直接受益者有义务对此给予补偿。

政府作为主管部门，应该完善征地补偿制度。被征地以后，农民失去了主要的收入来源，因此在旅游开发后，确保农村居民的基本生活水平是政府部门应该慎重考虑的。

环保部门应该对旅游开发进行全方位的监管，建立环境资源补偿机制。旅游承载力是旅游可持续发展的重要考核指标，一旦旅游规模超过承载力，对旅游资源造成的破坏可能不可挽回，所以对环境资源进行补

偿非常有必要。

三、鼓励社区居民积极参与，转变为旅游从业者

（一）社区居民直接参与

针对景区建设和管理，鼓励居民全面参与。旅游区的部分建设项目，可以优先承包给社区居民；旅游区建成后的卫生清洁、绿化、民俗表演可以雇佣当地社区居民来做。

居民可以从事旅游商品零售业。在旅游区内，各种零售摊位、超市商店、停车场以及部分简单游乐设施等，对社区居民个人，可以以相的价格招租，这样可以帮助社区居民直接参与经营活动。

居民还可以为旅游区提供物质资源，如新鲜蔬菜、肉食、水果等，开展旅游餐饮住宿接待。

（二）社区居民个人入股

为了增加旅游开发过程中社区居民的合理收益，以及增进旅游与社区居民战略同盟关系，社区居民可以以多种形式入股的方式参与旅游开发，获得股份收益。

（三）建立集体性质的旅游公司

建立集体性质的旅游公司，可以使社区居民入股，并从事旅游产业相关的行业，如交通运输、餐饮、接待、商品销售等，也可承担景区的经营项目，实现规模经营、集约经营，发挥集体的力量。

四、提升社区产业结构层次

立足于自身产业结构现状与经济发展水平，以旅游产业为核心，积极发展配套产业，以旅带农，以农促旅，优化社区的产业结构，带动社区产业结构的升级。

首先，发展旅游产业的后向关联产业，优先发展高产高效农业，促进农业生产生态化、生态环境景观化，提高经济作物比重，实现农业内

部结构优化。

其次，以农产品深加工产业为龙头，发展旅游商品加工业。对本地著名的、风味独特的土特产品进行加工、包装，及标准化生产，便于游客购买携带。

再次，充分发挥旅游区的依托功能，积极拓展旅游前向关联产业，特别是与景区相配套的服务业，包括餐饮、住宿、导游服务以及交通运输等产业。

五、健全旅游保障机制

（一）理顺管理体制

地方政府要发挥其管理监督职能以及协调、服务职能，建立社区管理机构，理顺管理体制。

（二）社区参与意识的着力培养

政府主管部门和社区通过专题宣传和教育培训，帮助社区居民提高对旅游发展的认识，从思想上接受相关理念。若想实现旅游可持续发展，那么社区居民参与旅游开发是必不可少的因素。因此要引导、尊重、保证社区居民的参与行为。

（三）制定相关政策

地方政府要制定相关政策，并从财政上（如帮忙筹措经营资金、提供低息贷款）予以扶持，保证社区居民从旅游开发中获益。

六、完善旅游监督机制

旅游监督机制由专家、政府官员、各方代表及公众共同组成，其作为社会性执法和监督机构是专门的、独立的，它监督、控制旅游开发整个过程以及各方行为，目的在于确保实现各方利益和环境的健康可持续发展，在监督和管理的同时，也可以作为沟通和反馈的平台以促进信息的沟通交流与反馈。

第七章 基于产业融合的乡村旅游升级机理

第一节 基于 GIC 模型的乡村旅游发展影响要素分析

乡村旅游作为一种融合了经济、社会、文化各个层面的综合性活动，其发展过程会受到很多因素的综合影响，根据不同的划分方法，有不同的分类表述，一种常见的分类方法是从宏观和微观视角进行，另外一种常见的分类方法是以外部和内部作为标准进行。总结起来，主要会受到三个方面影响，一是政府政策导向，乡村旅游不管处于哪个发展阶段，都离不开政府的管控与引导；二是乡村旅游产业的内在发展，作为一种独特的发展产业，其内部组成要素以及演进变化规律都值得关注；三是外部环境支持，简称为 GIC 模型。

一、政府政策导向（G）

（一）旅游产业政策

旅游产业的发展，离不开相关产业政策的引导与扶持，旅游政策体系是不断发展完善的。分析我国的旅游政策体系会发现，在不同的发展阶段，旅游产业政策对乡村旅游发展影响都不相同。

1. 乡村旅游萌芽期

这一时期，旅游在我国还是一种新生事物，乡村旅游更是处于自发的萌芽阶段，这个阶段的旅游政策以引导发展方向为主，经历边探索发展、边建设完善的过程，逐步理顺旅游管理规制。同时，各种公共基础设施开始规划建设，为乡村旅游后续发展打下基础。

2. 乡村旅游成长阶段

从时间段上来看，这个阶段主要始于1990年，我国旅游产业政策开始细化，针对旅游产业发展过程中各利益相关主体、主要部门来进行相关政策的制定与规范。比如，针对旅游安全管理、旅游行业管理、境外旅游经营机构设立、旅行社的管理导游的管理，以及在行业当中针对客人的服务管理规范标准等。这个阶段的标准和政策更加具体，主要是针对旅游行业发展涉及的方方面面。

3. 我国乡村旅游转型期

这个阶段主要始于2000年前后，乡村旅游发展在我国的重要性日益凸显，同时经过十几年的快速发展，也出现了很多问题，这个阶段的政策开始转向如何把握乡村旅游的可持续发展，体现乡村旅游的多重目标体系。该阶段的政策文件涉及微观和宏观的不同层面，最为重要的是2013年旅游法的颁布，使得我国旅游行业有了行业法规，对旅游产业进一步的发展提供了法律保障。在这个阶段，国家开始有意识地调整旅游产业的发展，对旅游产业的发展目标不再仅仅局限于经济收入，而开始关注生态环保、社会目标，为了促进旅游产业的发展，出台了职工带薪休假条例，保证了国民的旅游休闲时间，对于带动旅游产业的发展具有重要的意义。

用市场营销的观点来看，作为一个行业的有效市场，需要有三个要素：人口、消费欲望和购买力，而在旅游这个行业中，其有效市场可以进一步延展为人口、消费欲望、购买力和闲暇时间。改革开放以来，我国的经济发展获得了长足进步，城镇居民的可支配收入每年都在增长，在消费结构中，恩格尔系数逐年下降，而且居民的消费理念也在发生着天翻地覆的变化，不再是为了温饱而忙碌，人们的旅游消费意愿也在逐步增加。因此，在我国整体进入国民休闲的时代，我们国家在2013年出台的国民休闲纲要，反映了大众旅游时代的一种诉求和发展趋势。

（二）区域合作

乡村旅游资源的地理分布空间极不均衡，尤其是在目前行政区划管理的情况下，如何实现跨区域合作，一直是政府部门对旅游发展宏观调控的重要内容。在乡村旅游开发的过程中，因为存在着旅游资源碎片化的客观现实，因此，如何实现乡村旅游成片发展，对政府部门来说是一个具有前瞻性又很现实的问题。我国旅游发展的区域合作主要经历了以下几个阶段。

1. 各自为政，独立发展

在乡村旅游发展的初级阶段，其绝大部分出现在具有区间位置优势和独特自然资源的城郊地带，经营主体往往是农民。因此在这个阶段，彼此之间的合作较少，政府的引导也相对缺位。这个阶段的旅游开发信奉的原则就是"人无我有，人有我优，人优我特"，在该原则的指引下，乡村旅游的开发往往强调与同业竞争。所以不同区域间的合作仅仅停留在旅游线路的组织，如在山东省境内，从20世纪90年代初期开始就大力推广"一山一水一圣人"的线路，这仅仅停留在不同景点的组合搭配上，而没有进一步的深层次的合作。以山东省泰安市境内的大汶河流域的大汶口文化为例，因为大汶河流经行政区域的差异，所以在旅游产品开发的时候，就出现了不同部门对优势资源的争夺。

2. 小范围区域间合作

随着乡村旅游的发展进入成长阶段，前期盲目的跟风发展进入了"瓶颈"期，而政府部门也开始有意识地进行区域间合作，但这样的合作往往强调打造相对集中的旅游集群。

3. 打造集体品牌

近些年，我国国民经济平稳发展，城镇居民的可支配收入持续增加，消费结构中的恩格尔系数持续下降，城镇居民的旅游诉求和消费意愿也在发生着改变。政府部门不再单纯地把对旅游业的发展调控放在旅游产品的开发和旅游目的地的打造上，开始通过多种方式打造区域品牌。比如，山东省整合全省的优势旅游资源，打造"好客山东"集体品牌，向全国乃至全世界推广山东旅游；云南省打造的"彩云之南"也非常成功。在一个集体品牌统率之下进行区域合作，开启政府主导区域合作之路。

4. 开拓国际市场

在地方区域合作之上，也要把整个中国作为一个大的区域合作向国际市场进行推广。

(三) 其他政策

1. 融资政策

加强与各级金融机构的沟通协调，鼓励金融机构开展旅游企业贷款融资渠道的开发，方式灵活，利于旅游企业的发展。

2. 税费优惠政策

充分发挥全域乡村旅游工作领导小组办公室的综合协调作用，进一步完善落实税费优惠政策；如餐饮、宾馆等的用水、用电、用气价格政策；游客集散中心等设施建设的城镇土地使用税优惠等；对于新开办的乡村旅游项目，如采摘、观光农业等，可以按照相关规定，像行政事业性收费、城镇土地使用税等可以采取相应的减免优惠政策。

3. 财政扶持专款投入政策

以不同的行政级别为单位，分别设立乡村旅游发展资金，专款专用，主要用于公共产品部分，编制乡村旅游规划以促进乡村旅游的战略布局与发展节奏、补贴基础设施建设用以改善乡村旅游和生活环境、以政府部门为单位进行宣传促销从而打造旅游品牌和形象、进行人才培训以弥补专业人才短缺等，经过种种努力，形成政策扶持引导保障体系。对新评定的不同级别的旅游度假区，不同级别的生态旅游示范区，不同级别的休闲农业与乡村旅游示范点，省级强乡镇，省级农业旅游示范点，省级特色村，星级农家乐以及星级旅游厕所等分别给予一定的现金奖励。有关部门在安排各类支农、扶农、涉农资金和项目时，适当增加乡村旅游元素，在满足专项用途的同时促进乡村旅游发展。各区（市）设立专项资金，扶持发展乡村旅游。

4. 土地流转政策

土地始终是制约乡村旅游发展的一个关键因素，出台、完善土地流转政策，是保障乡村旅游可持续健康发展的一个重要举措。需要考虑农业规模化发展、农业生产技术集约化、农业生产的标准化以及农业的产业化经营等。总之，土地流转建立在农民安居乐业、农村美丽安全、农业健康发展的基础之上。农村土地流转机制的健全需要综合考虑政府、市场、农民各自的作用与利益，同时要合法、合理、合情，从而促进农业增效、农民增收和农村经济发展。

5. 人才培养政策

深入实施"人才兴旅"战略，大力发展旅游教育，实施旅游人才专业培育计划。在乡村旅游的发展过程中，要使人力资源管理的专业性与战略目标的匹配，人才的引进与使用要以服从战略规划为原则，相关从业人员要提高专业素养与进入门槛，实施持证上岗制度。

二、产业内在发展（I）

（一）生产要素

在旅游的发展过程中很多概念并没有达成共识，但是在旅游要素的构成方面，不管国内还是国外，大家基本上认可传统的"六要素说"，也就是"吃、住、行、游、购、娱"这六种游客的主要活动。而绿维创景规划设计院，基于专业的旅游规划与开发实践，在六要素的基础上，针对乡村旅游增添了"品"，构成了乡村旅游七要素。另外还有研究学者或从业人员，基于个人的认知，提出了乡村旅游的构成要素。总结起来可以看出，在旅游构成要素的研究中，主要是以游客的活动作为一条主线，把游客在旅游行程中所有的活动总结出来而形成的要素概念。

笔者认为，在乡村旅游的整个体验过程中，可以总结为"7+1"要素，即"吃、厕、住、行、游、购、娱"+"品"。这不是简单的要素叠加，因为品其实就是一种体验，这种体验贯穿在游客的所有活动中。这种观点是基于体验营销理论与传统的游客行为认知相结合的理论，作为乡村旅游产品的供给方,要进行换位思考,在每一个环节都要考虑消费者的体验与感受,从而促进相应旅游产品与服务的改进。

(二) 产业规模

在乡村旅游发展的不同阶段,产业规模不断发展变化:在第一阶段的农家乐时代,规模小经营分散,多为农户自主经营,对于社会资本尚没有太大的吸引力;在第二阶段,随着乡村旅游的逐步开发建设,基础设施的改良,政府政策的大力引导以及旅游市场的稳步扩大,各种社会资本开始进入乡村旅游项目开发,此时的乡村旅游在前期发展之后,大多步入正轨,开始进入景区管理阶段。由于政府的主导行为,乡村旅游分别从规划、建设、管理、营销等方面进行统一运作发展,乡村"脏、乱、差"的环境也得到整治,有效改善了各种配套的基础设施与服务设施,产业经营开始集中,产业规模逐步扩大。从投资回报的角度分析,对于社会资本的吸引力逐步增加。

(三) 产业集群

集群可以简单地理解为,在一定的地理区域空间内,生产同类产品或者提供同类服务的同类企业以及生产链上的各种上、下游配套企业,相对密集地集中在一起。产业集群的优势主要体现在两个方面,一是集聚性优势,二是外部性优势。

用产业集群的观点来分析乡村旅游的发展,首先,旅游企业所提供的产品具有相关性、类似性,但是并不能盲目跟风,在产品设计以及宣传上要凸显出不同产品差异性。其次,要有众多的企业,针对乡村旅游不同的要素之间所提供的产品之间有合作,密集地分布在同一地区内,乡村旅游所涉及的生产链上、下游企业之间有合作,平行的竞争企业之间有竞争。

(四) 产业结构

旅游产业结构首先要考虑旅游业的发展是否与市场需求以及当下的社会生产力发展相适应,其次考虑资源配置如何更加有效,最终需要保证经济增长，保证旅游业可持续发展。

乡村旅游的升级发展，离不开乡村旅游产业结构的优化，实现乡村旅游产业结构的优化，往往要"从大处着眼，从小处落地"。大处着眼即从宏观上考虑乡村旅游产业与第一、二产业以及第三产业的其他服务要素进行融合发展，小处落地即最终落实的实践，不管如何进行产业融合，都会体现在旅游业不同的要素上面。

在乡村旅游的不同发展阶段，主流的消费群体具有明显的差异。因此进行产业结构的优化就需要针对不同的市场群体进行定位，然后进行不同要素、不同个性、不同层次、不同诉求的组合。这在乡村旅游规划中，往往体现在以动态的发展的目光来对待乡村旅游的发展。一般情况下会以近期、中期、远期的时间界定来进行规划，在把握核心的乡土文化基础上，使其表现丰富化则是不同阶段的主要工作。

三、外部环境支持（C）

（一）区位条件

乡村旅游的开发中区位条件非常重要，尤其是在乡村旅游的第一个阶段开发。一般来讲，形成农家乐专业村往往有三种情况：第一种情况是依托交通要道，便于进入，也就是要沿路，通常是省级以上的主干道；第二种情况是依托城市，人口集中，也就是要傍城，通常是指的人口稠密的县城或大城市；第三种情况是依托知名景区，便于游客分流，也就是靠近自然或者人文景区。这三种情况的区位优势，保证了相对充足、稳定的客源市场，而且相对来说，其宣传促销成本几乎可以忽略不计。这个阶段的游客探索性、冒险性较强，可以说是最早的乡村旅游主题市场。比如，北京郊区的乡村旅游发展就是依托了北京，山东济南的南部山区则依托济南发展起来，山东环泰山一带的乡村旅游则依托了泰山景区和周围泰安、济南等城市。区位条件首先保证了乡村旅游开发所获得的最根本的客源。在吴必虎的研究中，提出了环城游憩带的概念，通过区位空间的设计，进行旅游规划定位。其次，依托著名景区可以获得资源优势以及品牌消费连带效应。同时,区位条件也增加了游客的可进入性,可以降低游客的交通成本与时间成本。

(二) 基础设施

基础设施主要包括交通情况、住宿情况、餐饮情况、购物、厕所等。早期的乡村旅游基础设施比较简陋,往往依托区位优势发展农家乐,游客也多以一日游、半日游为主,大多是简单的农家饭供应。如今客源主体虽然也是都市人,但是随着交通条件的改善、自驾游的普及,游客开始倾向于两日游、三日游等短期住宿的方式,甚至开始出现休闲度假等长期居住方式。因此,乡村旅游的经营环境需要升级改造。首先必须考虑到都市人的习惯的生活方式,着重建设改良住宿环境、洗漱环境、饮食环境等等。这些体现了乡村旅游中"住、厕、吃"要素。其次要大力提升乡村旅游从业人员的个人素质。但这会出现原汁原味的乡土体验与城市化的标准化的服务之间的冲突,如何既保留原始的乡土气息又能让游客舒服是需要解决的客观问题。

近两年我国大力推进的"厕所革命"以及各地纷纷在乡村旅游目的地中推进的"改厨改厕"恰恰体现了乡村旅游升级的一环。从最核心的旅游要素出发,在利用自然景观、文化风情吸引来游客以后,延长游客的逗留时间,从一日游发展到多日游,自然就带动了当地经济的发展。

(三) 关联产业

众所周知,旅游产业本身的特点在于综合性强、产业边界模糊、产业关联度大、自身产业链长,传统旅游业的范围已经远远不能涵盖旅游产业的外延,通过广泛涉及与交叉渗透等方式,可以看到许多相关行业和产业已经与旅游产业息息相关,如基于各种工业的工业旅游、基于农业不同层面的农业旅游、与教育相结合的研学旅游、与医疗保健相结合的医疗康体旅游、与各种科技发展相结合的科普旅游、与生态相结合的生态旅游绿色旅游、与海洋结合的海洋旅游等新型的旅游业态,一个新的泛旅游产业群已经形成。乡村旅游的发展,除了带动新的旅游业态出现,其自身的产业链也带动了相关产业的发展,如建筑行业、住宿行业、以民航铁路为代表的客运交通行业、餐饮业、商业等。可以说"一业兴、百业旺",更重要的是,旅游业改善着当地的自然环境和社会环境。

(四) 产业融合

20世纪70年代以来,一种新的经济现象出现在不同的产业之间,其推动力以高新技术发展和扩散为主,即产业融合。目前,在旅游产业融合推进下,新的商业模式不断出现。同时可以看到,在旅游产业融合过程中,所谓的跨界发展使得许多成长不易的旅游企业不断创新,具体表现在经营方式与盈利模式等方面,很多企业打破传统的旅游发展模式,建设了许多新的旅游经济增长点,从而形成了以旅游产业为龙头带动的新兴业态。

旅游业作为一个边界模糊、互动关联性强的复合型产业,与其他行业进行融合具有先天的优势。然而,尽管大量跨行业旅游新产品出现,但是旅游新业态并不常见,这值得业界思考。如何回归旅游的本源来谈融合,如何挖掘旅游产业本身的价值来进行创新,如何发挥旅游产业在融合发展中的主观能动性等问题都值得关注。

(五) 技术创新

如今消费者的体验越来越碎片化。有关消费者的旅行目的地、交通方式和娱乐项目的海量数据有一些并没有被有效地收集,另一些则掌握在不同的旅行公司手中,几乎没有得到开发和利用。在过去10年,旅行业内最具突破性的创新,如整合搜索、出行共享服务和P2P食宿等几乎都是源于信息技术、电商平台等。如今,移动互联网向O2O、在线旅游业以及传统旅游业大举渗透。

基于信息技术与大数据分析的技术创新在旅游业内日趋火爆,以线上线下融合为例,携程、去哪儿的成功就是源于技术的创新。

技术创新对于乡村旅游的精准营销、精细管理、精确的市场开发具有至关重要的作用,在乡村旅游发展中,要利用丰富的创新科技产品迅速建立竞争优势。

第二节 乡村旅游产业融合发展的动力机制

乡村旅游产业融合升级的动力来源分为四个方面,分别是产业内部的驱动力、市场需求的拉动力、技术创新的推动力和产业环境的影响力。

一、产业内部的驱动力

从经济学的观点出发,投资者追逐利益最大化,在每一个行业里面,不断会有新的竞争者进来,竞争日趋激烈,投资者为了获得高额利润,会倾向于主动改变、主动融合不同的因素,从而通过差异化来提升竞争力。

按照马斯洛的需求层次理论来进行分析,人的需求是在较低层次的满足以后进行升级的,尤其是我国居民可支配收入的增加、网络技术的发展和普及,让人们获取信息的成本急剧降低,消费者在旅游需求方面,日趋个性化、分散化,更加关注体验的满足感,仅仅依靠资源优势进行传统的观光旅游开发的相关产品,已经不能满足游客的需求。目前,细分市场越来越呈现出碎片化、小众化、个性化,以往对大众市场的营销模式已经很难见效。因此,对乡村旅游的发展提出升级的要求。

二、技术创新的推动力

产业融合理论认定技术创新是模糊产业边界、推进产业融合的原动力,然而,在乡村旅游的产业融合过程中,技术创新的推动力远远没有在其他产业融合过程中那么明显,这反映了乡村旅游的特殊性。随着乡村旅游的发展,尤其是产业化日趋显著,技术创新推动力表现在乡村旅游产业管理、市场开发、公共基础设施建设等方面。

三、产业环境的影响力

任何一个行业的发展，都无法脱离宏观发展环境的影响，几十年的发展过后，我国的经济发展模式基本完成了工业化，处于转型发展期。如今我国正在大力倡导发展服务业，提升第三产业在产业结构中的比重，相对宽松的政策环境，加速了旅游业与其他产业的融合。

第三节 乡村旅游产业融合发展的途径

乡村旅游若想实现可持续性健康发展，通过融合进行升级势在必行，很多针对乡村旅游产业融合升级路径的研究，往往强调产业之间的融合。笔者试图通过优化乡村旅游产品的供给方、市场需求方和乡村旅游产业经营模式，进而寻求乡村旅游产业的融合发展。

一、优化丰富乡村旅游产业形态

我们国家经济发展的热点之一就是供给侧结构性改革，产业融合升级的途径要基于乡村旅游目的地的资源考虑，如何丰富乡村旅游产业形态，提升乡村旅游产品的内涵及其表现形式可以从以下三个方面把握：

第一，资源表现形式的融合，也就是旅游业以外的其他产业利用旅游资源的形式表现出来，如工业旅游、农耕文化等，丰富了旅游产品，扩大了旅游资源的外延，同时改变了产业性质。

第二，通过技术进行粘连的创新融合，主要表现在通过信息技术的共通性，把文化、创意等产业与旅游结合发展成一种新的旅游业态——演艺旅游。

第三，通过功能的融合丰富乡村旅游产品业态。不同的活动内容，其社会功能往往会有异曲同工之妙。对于游客来说，放松、休闲、猎奇、社会交往等都是目的，同样也可以借助于其他活动来达成。因此，可以借助这种功能融合的路径进行新业态创造，如乡村旅游和游学、养老、康体、教育、医疗等进行结合。

二、优化乡村旅游需求市场模式

传统意义上的乡村旅游市场营销，往往是对游客的迎合，或者简单地推销相关产品，几乎没有对市场进行深层次的分析与整合。科学的乡村旅游规划必须有一个良好的市场分析基础，通过对近期、中期和远期的市场规划，来进行旅游规划开发。

根据市场需求来创造新的旅游业态，典型的例子有房产旅游、会展旅游、奖励旅游等等。在保健品和保险行业，比较有效的一种营销方法就是会展旅游。

三、优化乡村旅游产业运营形式

有效地解决供需之间连接，既要针对乡村旅游产业的运营形式进行调整，又要随着市场的发展变化而不断进行优化，主要体现在以下两个方面：

1. 不同运营主体之间的优化组合，从单纯的农户单打独斗的模式，发展为农户、公司、合作社、政府、中介组织等相互之间的组合，可以看作是不同优势资源的组合。

2. 旅游信息化在乡村旅游发展建设过程中的作用不断强化，资源整合、信息共享、市场推广、现场促销、管理模式等都在发生很大的改变。

第四节 乡村旅游产业融合发展的演化路径

客观上来讲，旅游产业本身就是融合了不同产业的一个综合性、边界模糊的产业。笔者依据旅游要素的内容把旅游融合分为产业内部融合和产业外部融合。

一、产业内部融合

近几年,我国旅游产业发展有一种趋势,即拓展旅游产业链的内在要素,利用不同的方式促进旅游产业内部融合,形成了基于旅游产业要素之间的内部融合,旅游产业内部不同要素的组合,产生了大量综合性的旅游集团。以广州长隆旅游度假区为例,其目前拥有长隆欢乐世界、长隆国际大马戏、长隆野生动物世界、长隆水上乐园、广州鳄鱼公园、长隆酒店、香江大酒店和香江酒家等多家子公司,各子公司功能上差异定位,优势互补,形成了更大的整体竞争优势。

二、产业外部融合

在前面相关的论述中,可以看到旅游业对其他产业的融合以及贡献率很高,据不完全统计,旅游业的相关产业已经达到110多家。

除却基于旅游产业内部要素的融合发展路径,我们可以看到更广泛的是来源于旅游产业外部的融合。

在分析整理相关资料的基础上,可简单地划分为下面几种融合路径:基于资源共享的融合、基于市场共建的融合、基于技术推动的融合、基于功能创新的融合等。

(一) 基于资源共享的融合

这种融合模式相对来说比较普遍,主要体现在原有的产业形态以第一、第二产业为主。从旅游的视角进行分析,可以发现工业生产、农业耕作、林业、渔业等等都可以作为旅游资源出现。在这样的融合模式下,出现了许多新的旅游业态,与传统意义上的依靠自然景观的观光旅游差异很大。每种旅游形式均具有很强的原生产业的价值表现,这恰恰是其吸引游客的地方。

(二) 基于市场共建的融合

如果说建立在资源共享基础上的旅游产业融合主要是从旅游资源、旅游吸引物的扩大考虑,那么基于市场共建的融合则是从市场出发,着重分析细分市场需求的多元化,从而把不同类别的产业及其产品进行叠加,在相同的时间、空间里进行与消费者的对接。比如,地产旅游,旅游综合体、创意文化旅游等产品形式,就是在对市场细分之后,对不同的产业与旅游业进行合作创新,打造新的旅游业态。

(三)基于技术推动的融合

技术推动是产业融合中的一个主要的推动力,信息技术的发展在旅游产业的融合中具有重要的作用。

(四)基于功能创新的融合

传统意义上的旅游注重离开居住地多长时间,而现在随着消费者理念的改变及闲暇时间的增加,赋予了旅游更多的意义。在我国养老问题已经越来越社会化,许多区位、环境适宜的乡村开始开发以养老、康体旅游为代表的老年人度假旅游,就是典型的基于不同产业功能创新的融合模式。

这种融合模式需要建立在社会发展大背景之下,顺应潮流,开发乡村旅游新的价值与吸引点。

基于旅游产业的外部融合,总体来看,发生在旅游产业与其他产业之间。不管是出于什么模式的融合发展,客观来讲,就是通过一种新的价值创造来形成一种新的旅游形式。从价值创造机理来看,可以把其融合过程分为前期、中期和后期。

第八章 基于乡村旅游产业融合发展的贵州乡村旅游资源与产品开发

　　乡村旅游开发是运用一定的资金和技术，对乡村的自然旅游资源、社会文化旅游资源、技术与人力资源、服务设施、基础设施等旅游产业要素及相关社会经济资源进行优化配置，使潜在的旅游资源转化为可以利用的旅游吸引物，并因此产生经济价值及其他多种价值，或对部分已被利用的资源进行广度和深度开发，从而提高旅游资源综合价值的过程。

　　贵州开发乡村旅游可以促进社会经济发展，使居民受益。在开发中要注意吸引当地村民参与旅游服务工作，让他们认识到自身所拥有的文化价值，自觉保护和传承民族文化，发挥其在乡村旅游中的作用。

　　贵州乡村所蕴含的巨大而丰富的文化传统资源和具有乡土气息的乡村景观，是乡村旅游者感受和体验乡土文化的魅力之源。游览乡村原生态的秀丽田园风光，感受悠闲、自在的生活方式和宁静祥和的生活氛围，是乡村旅游者选择乡村旅游的主要动机之一。依托优美的乡村自然环境、挖掘浓郁的乡土文化和民族文化、展现真实的原生态乡村生活，是开发乡村旅游产品的基本要求。贵州省分布在奇山秀水中的自然村寨，以少数民族村寨所占比例为重。众多的民族村寨因地处偏远山区、山水相隔，保留了丰富的原生态民族文化，成为贵州历史文化积淀最为厚重的地方。在这些村寨中，原生状态的文化遗产与原生状态的乡村自然环境相辅相成，对游客来说充满了强烈的神秘感和吸引力。贵州可以通过调查、了解、挖掘、整理文化和自然旅游资源，然后采取多种方式，多种渠道引进资金，从而大力发展多种门类、富有地方特色的乡村旅游产业，拓展和深化乡村旅游的市场领域。

第八章 基于乡村旅游产业融合发展的贵州乡村旅游资源与产品开发

贵州开发乡村旅游要坚持以《贵州省乡村旅游发展规划》与旅游区实际相结合，与贵州旅游产业结构调整相统一的原则。

第一节 乡村旅游开发的模式

乡村旅游的开发有"政府主导""政府＋公司＋旅游协会＋旅行社""公司＋农户""公司＋社区＋农户""股份制""外来企业主导""农户＋农户""依托'生态博物馆'""民办公助""个体农庄"等模式，在开发实践中要根据实际情况选择合适的开发模式。

一、政府主导模式

政府主导模式，是在当地政府的主导下，采取决策规划、资金扶持、人才培训等各种措施，对乡村旅游开发管理给予积极引导和支持，通过发展乡村旅游带动农村经济发展的模式。这种模式具有较强的针对性，便于规划和开发，示范带动作用突出，尤其是在经济发展落后的农村以及开发乡村旅游初期，其促进作用尤为明显。

此类模式中，政府拥有旅游资源的所有权，旅游资源的所有制形式决定了政府是乡村旅游开发的主导者。政府采取决策权高度集中化的配置，旅游规划、形象推广、门票价格、经营收入分配、景点筛选、线路安排都由政府统一决策，全权负责。而政府行为往往重视社会效益、环境效益，且决策权和收益分配权过于集中在政府方面，这往往与企业行为偏重经济效益相脱节，对发展乡村旅游有一定的局限性。

二、"政府＋公司＋旅游协会＋旅行社"模式

"政府＋公司＋旅游协会＋旅行社"的开发管理模式由政府组织公司、协会协同开发，农民广泛参与，为农民提供旅游从业机会，充分利用当地资源，保证乡村旅游的健康发展。并且能较好地发挥旅游产业链中各环节的优势，保护乡村文化的真实性，有利于农村产业结构的调整

和乡村旅游可持续发展。在各方面按照分工各负其责，并享受合理的利益分配。

如贵州平坝区天龙镇就采取了这一模式，政府负责乡村旅游的规划和基础设施建设，优化旅游目的地环境；公司负责经营与管理，进行商业运作；农民旅游协会负责组织村民参与民俗表演、导游、工艺品制作、提供食宿等，并负责落实各户对所属传统民居的维护和修缮，协调公司与农民的关系；旅行社负责开拓市场，组织客源。这一模式通过政府的积极主导和支持，充分发挥旅游产业链中各环节的优势，合理分配利益，从而避免了乡村旅游开发过度商业化，保护了本土文化，增强了当地居民的自豪感，促进了乡村旅游的可持续性发展。

三、"公司＋农户"模式和"公司＋社区＋农户"模式

这种模式由旅游公司与社区农民合作开发。旅游公司依靠自身经济实力和经营能力，负责核心旅游资源开发、公共基础设施建设、配套服务接待设施建设的策划、经费投入、宣传促销和经营管理，规范农户的接待服务、人员培训，提高服务水平，促进乡村旅游发展；社区农户以现有房屋、庭院、村庄环境等私有财产和村寨公共财产作为投入，参与旅游接待、导游服务、打扫环境卫生、维修自家房屋等服务活动。双方通过共同开发，向游客展示乡村文化。

"公司＋社区＋农户"模式，是"公司＋农户"模式发展过程中形成的一种模式。在开发乡村旅游时，公司先与当地社区（村委会）合作，通过社区组织农户参与乡村旅游。公司负责相关规划和营销、规则的制定、对参与旅游开发及接待服务的农户进行专业培训，规范景区管理和农户的行为；村委会成立专门的协调机构，负责选拔农户、安排接待、定期检查、处理事故等；农户则负责维修自家民居及维护环境卫生，按规定进行接待、导游服务等。利益共享、风险共担。

四、股份制模式

在乡村旅游开发中，将资源明确分为国家、乡村集体、村民小组和

农户个人四类产权主体，并将旅游资源、特殊技术、劳动量转化成股份，各方分别以土地、技术、劳动等形式参与乡村旅游的开发，进行股份合作制经营，通过股金分红支付股东的股利（有的为按股分红与按劳分红结合）。企业通过公积金的积累完成扩大再生产和乡村生态环境的保护，以及相应的旅游设施建设与维护，增强乡村旅游的服务功能；通过公益金的形式投入乡村的公益事业，如经营技能教育培训、维持社区居民参与机制的运行等。这种模式开发投入渠道多，投资者的所有权、经营权、收益权明确，有利于调动各方积极性，有利于加快景区基础设施建设、服务配套设施建设和其他软硬件建设，体现了现代企业管理原则，有利于乡村旅游的发展。

五、外来企业主导模式

一些乡村有旅游资源，但缺乏资金。于是在当地政府的总体规划下，通过出让旅游开发经营权的方式，吸引投资商介入乡村旅游开发。开发商负责旅游开发的资金投入，同时在一定时期对景区有使用权和收益权。具体方式有：在政府规划框架下，企业投资景区的宾馆、游乐设施等项目建设，通过自主经营收回投资及盈利；有的企业买断若干年旅游资源开发权，向政府或集体支付租赁费用，企业自行规划、建设基础设施，经营收益及分配权属于企业。这种模式起点层次高、开发有规模，如果思路对标、经营科学，有利于乡村旅游开发迅速走上有序化发展的道路。

六、"农户＋农户"模式

乡村旅游发展的初期，农民有发展乡村旅游的愿望，但对企业介入开发缺乏了解，不愿与企业合作开发。一些村民率先办起乡村旅游，起到了示范作用。在他们的带动下，"农户＋农户"的乡村旅游开发模式逐步形成。"农户＋农户"模式，风险最小，投入较少，游客花费不高，农户积极性高，是目前最普遍也是最受欢迎的乡村旅游形式。但这种模式发展到一定阶段，就会失去竞争能力，要获得发展就只有转变为其他模式。

七、依托"生态博物馆"模式

这种模式即依托已建成的"生态博物馆"资源开发旅游。生态博物馆是国际博物馆界开发的一种新的博物馆形态，是对社区的自然遗产和人文遗产进行整体保护的新形式。它在20世纪70年代诞生于法国，此后，这一概念在欧洲、拉丁美洲流行。传统的博物馆是将文物搬进馆里陈列；生态博物馆则是将文化遗产就地保存于所属社区环境中。在设立生态博物馆的地方，整个社区就是一座博物馆，它以多种方式记载和保护社区的自然环境和文化精华，并推动社区向前发展。贵州从1995年起，在各级政府和国内外专家学者的推动下，经过数年的努力，已建立了六枝梭戛生态博物馆、花溪区镇山布依族生态博物馆、锦屏县隆里古城生态博物馆、黎平县堂安侗族生态博物馆和兴义市郑屯镇坡岗布依族生态文化博物馆。依托生态博物馆开展乡村旅游，也促进了所在乡村经济社会的繁荣，使村民们增加了经济收入，增强了保护社区文化的意识，村落的文化特性得到科学的普查、整理、研究和传承、利用，推动了人与自然的和谐相处。

八、民办公助模式

此类模式依靠村镇及社区内部的自发力量和自有资金进行开发和滚动发展，内部有能力的居民都可以参与旅游开发，获得就业机会和商业机会以及优先雇佣的权利，带动村寨整体发展。虽然是民办，但作为贫困地区的村级经济实体之一，其发展动力主要来自"公助"。离开了政府的支持，其很难发展。这种模式到了一定时期，就会向其他模式转化。

九、个体农庄模式

这种模式经营方式为个体户经营，个体农庄通过对自己经营的农牧果场进行改造和旅游项目建设，使之成为一个完整意义上的旅游景区，独立完成旅游接待工作，实行企业化管理、一体化经营。个体农庄的开发吸纳附近闲散劳动力，通过手工艺、表演、服务、生产等形式加入服务业中，形成以点带面的发展模式，引入现代管理方式，运用现代科技，以市场的需要作为目标，不断扩大经营规模，增加产出。

如今贵州乡村旅游开发模式有：①"政府＋公司＋村民"模式。②开发商买断乡村旅游经营权的"公司＋村民"模式。③村民自主经营的"农家乐"模式。

目前，贵州学者又提出了在政府主导下的"专家组织＋村民自治组织＋乡村旅游经营组织"的新模式。这种模式主张由具有先进的开发理念和开发能力，同时尊重并维护民族文化和村民权益的专业人士共同组成，专家投入资金和经营管理技术，村民以民族文化作为无形资产入股，共同组建经济合作组织。乡村旅游经营组织必须承担扶贫、富民和建设社会主义新农村的义务与责任，在乡村建立的经营项目如酒店等，在双方共同经营到一定时间后，应鼓励其无偿交给村民自主经营管理。而专家作为组织形式出现在乡村旅游开发模式中，并成为重要一方。

第二节　贵州乡村民俗活动类旅游资源开发

一、农家乐旅游开发

农家乐旅游开发，是充分利用农民自家院落所依傍的田园风光、自然景点，就地取材开办的一种乡村旅游形式，具有开发成本低，经营灵活，收费相对较低的特点。通常位于城市周边 20～50 千米范围（根据城市大小而定，城市越小，距离越近），乘坐汽车到达目的地一般不超过 1 小时。

农家乐旅游资源主要分为"游"和"吃"。游的内容有：乡村自然聚落、古宅、民风、民俗、菜地、果园、茶园、竹园、田园、经济作物林、农户家庭养殖业、鱼塘、农副产品加工作坊等。吃的内容有：农村特有的土鸡、土鸭、土鸡蛋、鲜竹笋、鲜菌、红苕藤、南瓜尖以及香椿芽、折耳根、荠菜、马齿苋、油菜、蕨菜等野菜；农家自制的萝卜干、腌菜、泡菜、干豇豆、水豆豉、干豆豉，以及农家做的豆花、米粉、凉粉、腊肉、香肠等。乡村旅游饮食服务要提供乡土绿色食品，农家菜的菜肴应立足于农村，就地取材，尽量采用当地特有的、城里难以见到的烹饪原料。制法古朴，用具简单，体现绿色环保风格。

　　农家乐的开发项目产品有多种类型，项目的旅游功能体现在休闲、度假、游憩、购物、小型会议等方面。其中，服务类有——民居旅舍、农家餐馆、游乐设施等；观赏类有——花卉盆景园、观光竹园、划船、农家酒坊、农家油坊等；参与性旅游活动有——体验菜园、休闲茶园、瓜果采摘、垂钓、爬山、挖野菜、民间工艺制作等。

　　餐饮是农家乐旅游活动的重要内容，是农家乐旅游活动开发成功与否的关键所在。要根据贵州乡村饮食文化特点，挑选最有代表性的、最具有地方特色的饮食文化资源，加以优化组合，结合旅游活动的开展，有目标的推广，形成以民族风味美食为特色的饮食文化旅游活动。茶、酒和乡村美食都是乡村饮食文化的重要组成部分，其中可以开发的内容很多，如茶文化、酒文化和美食文化作为民族风情的重要组成部分，具有较强的观赏性和参与性；各民族也创造了种类繁多的乡村食品。乡村饮食文化资源中还有许多关于饮食的文化背景、历史渊源、民间传说、神话故事、风土人情等，也是很有吸引力的乡村文化现象，应当加以整理并向游客介绍，提升乡村饮食文化的档次。从事餐饮的农家乐经营户，一般每次餐位数不超过 4 桌（每桌 10 人）；超过这个管理幅度，经营就会过度商业化，经营者与游客之间的亲情联系将会逐步淡漠，影响可持续发展。

　　住宿是乡村旅游发展的基本条件之一，也是旅游服务设施开发的重要环节。农家乐旅馆经营方式灵活、服务热情周到，适应市场能力强，能够很好地满足一些季节性强或处于起步阶段的旅游区的接待需要，是

第八章　基于乡村旅游产业融合发展的贵州乡村旅游资源与产品开发

酒店宾馆的有效补充。农家乐旅舍的建设应做到整体风貌清爽大方，道路出入方便，环境优美，室内基础设施（生活设施、水、电等）齐全。厕所和浴室齐全，有较好的卫生条件。室内装修自然、简洁，体现地方特色，利用简单的书画图片、小摆设艺术等作为装饰。室内有公共活动场所，旅馆床位在 20 个以内为好。

农家乐项目要提高游客参与、体验程度，增加旅游服务功能，以便满足旅游者休闲的需求。现在农家乐旅游中安排的采摘水果一类活动，略显单一。要开发新项目又涉及土地、投资等问题，对于独立经营的农户有一定困难，限制了农家乐旅游的发展。因此政府主管部门要加强对农家乐的规划和引导。在一个村寨的农家乐长期规划中，要走联合经营的道路，与生态农业、休闲旅游相结合，逐步形成新型的产业分工，一部分农户经营农家乐，其余的转移到种养业、加工业、运输业，使"产、供、销、运、游"有机结合，防止经营农家乐农户过多，与生产、加工、运输链条脱节，出现抢客、压价等不良现象。目前贵州各个城市城郊"农家乐"旅游蓬勃发展较快，仅贵阳市周围就有数百家，它已成为城市居民节假日休憩、娱乐度假的首选。

农家乐的收费要合理。通常情况下，项目较少的一般人均消费（吃和住）为 40~60 元/日；项目较多的，一般不要超过 80 元。要合理安排活动项目，"一日游"的内容不能太多。考虑季节因素，价格可上涨或下调 10%~20%。

花溪区镇山村位于石板镇，始建于明代万历年间，地处花溪风景区和天河潭风景区之间、花溪水库的中段一个半岛之上。离贵阳 21 千米，花溪 11 千米。全村共 170 多户（布依族 110 户，苗族 68 户，其余为汉族），592 人，少数民族人口占 99% 以上。

镇山村过去主要从事农业生产。开始旅游开发以后，村民逐渐转向了旅游接待。现有接待户 45 户，人均收入 3300 元，全村年接待 12 万人次，日接待最多约 2000 人次。1994 年 11 月 17 日，镇山村被批准建立贵州露天民俗博物馆。1995 年 7 月 7 日，贵州省人民政府批准镇山村为省级文物保护单位。镇山村被列为中国挪威文化合作的国际性项目——贵州生态博物馆群之一。2002年7月15日，生态博物馆的展馆开馆，展出布依族在历史发展进程中的生活用具、生产工具、服饰、铜鼓等百余件文物以及居民建筑、文化艺术资料等。2020年，镇山村入选第六届全国文明村镇名单。

镇山村旅游接待内容包括农家饭、棋牌、卡拉OK、住宿、划船、歌舞表演等内容。接待户年收入平均每年2万元，比非接待户高出两倍。一些条件差一点的农户在农忙时务农，平时参与旅游服务，有的开办了工艺品店等。非接待户一般是地理位置相对偏僻或者经营能力、条件欠缺的农户，这部分农户主要以农业为主。大多数农户属于两者兼营，旅游接待主要在周末和节假日。据统计，镇山村大部分家庭从事农业活动只占全年十分之一的时间，收入也仅占总收入的十分之一。97%的省内游客（主要是贵阳市民）多数集中在周末到镇山村进行休闲旅游，主要是观赏自然风光（夏季可以划船）等；省外和境外游客主要是对这里民族文化风情感兴趣。镇山村的旅游使许多村民的经济收入增加，据了解，划船的大概有70多户，卖烤豆腐的有40户左右，每月收入在400元左右；卖野菜的一天可以挣20元左右。旅游接待户集中在下寨，人均经济收入提高较快；非接待户多集中在上寨，人均经济收入提高较慢。

镇山村的管理，重大事情主要由党支部委员会和村民委员会来决定。包括村寨中旅游接待事宜、国家政令贯彻等。民间社团组织游船协会制定了《镇山村游船协会章程》，进行内部管理。在村两委的领导下，制定了《镇山村旅游餐饮接待制度》《镇山村游船管理暂行办法》、与游船经营户签订《镇山村村委会游船管理协议书》等。传统的寨老在社区组织中影响逐渐减弱（在少数宗族分支中还有一定影响作用）。门票收入由政府收取代管，政府为了保护景点的整体格局，制定了相关规定，不让村民建房，对乱建的予以拆除。同时在村口建设了新居工程，村民可以购买。

第八章 基于乡村旅游产业融合发展的贵州乡村旅游资源与产品开发

镇山村的保护和发展，也还存在一些问题。如旅游项目单一，村里除了农家乐、划船和麻将外，几乎没有其他供游客游玩和欣赏的设施。在旅游开发中，由于受经济利益影响，传统布依族文化丢失非常多，村里现在除了石板房之外，有特点的东西太少。一些人在旅游接待中认识到民族传统文化的重要性，开始主动向老人学习本民族语言，也有部分人因为接待的需要学习英语。村里有会蜡染和刺绣的老人，但他们的作品还没有转化为商品，镇山村出售的工艺品大多数是从安顺进的货，没有自己的特色。当地的根雕、木雕、石雕等主要是临摹产品，也缺乏创新。政府为了景点的整体布局，不让村民随意建房和维修，但政府在村口建的新居，村民没有能力购买（又不便做生意），使不少村民觉得住房紧张。

二、民俗风情旅游开发

民俗，即民众的风俗习惯，在我国先秦的时候就开始使用，如《管子·正世》："料事务，察民俗"。民俗是一种社会文化现象，存在于人民生活的各个方面，影响和关联着人们的思想行为，是"约定俗成"的准则和规范。民俗随着时代社会的发展变化而发展变化，受经济、政治、文化以及自然环境的影响和制约。民俗属于基层文化，紧贴人民生活，是民风的积淀。

民俗风情是一个地区、一个民族悠久历史文化的结晶，蕴含着极其丰富的社会内容，包括风格独特的生活习俗、民族礼仪、服装服饰、民族歌舞，饮食风味、风土人情和特色传统工艺品，以及婚恋方式、婚嫁习俗、民间传统活动等。民俗旅游以乡土气息浓郁、参与性强为特点，逐渐受到广大游客的喜爱。开发表演性、参与性、娱乐性、观赏性、教育性强的民族民俗节庆、民族艺术表演、民族服饰展览、民族歌舞竞技、民族风情接待展示、民俗婚礼、民族游戏娱乐等极具民族特色的旅游项目，能使游客了解当地的建筑、饮食、服饰、节日、生产、娱乐、礼仪、道德、信仰等，亲身体验当地的民俗风情，开阔眼界，增长知识。

贵州乡村生活和生产活动中拥有民俗性质的活动较多，贯穿于人们的衣食住行、社交礼仪、娱乐游艺、婚丧嫁娶、岁时习俗、信仰禁忌等活动中，地方特色尤为显著，有较大的开发价值。乡村民俗风情旅游开发要重点挖掘民俗风情的文化内涵，突出地方特色，选择符合当地实际的开发方式。

三、节庆和娱乐活动旅游开发

乡村蕴含着丰富的传统文化，置身于其中，可以感受到闲适恬淡的生活氛围、淳朴的生活状态。具有民族特色和地方特色的民族民俗风情节庆活动和娱乐活动，文化品位较高，为大多数游客所喜闻乐见。

（一）节庆活动

贵州的节庆活动极为丰富，民族节日有400多个，集会地点有1000多个。传统节日是影响最大、群众参与最广的民俗文化活动。贵州乡村旅游要注意开发民俗文化活动，尤其是岁时节日民俗活动，以吸引国内外旅游者前来旅游。近几年，苗族的"苗年""四月八"，布依族的"查白歌节""六月六"，侗族的"祭萨"，彝族的"火把节"等都具有很强的吸引力。如黔东南州凯里市挂丁、舟溪一带过苗年，集会规模盛大，达五六万人。

（二）娱乐活动

娱乐活动是旅游过程中的六大要素之一。贵州乡村的娱乐形式多种多样，内容丰富，流行较广，并具有强烈的乡土色彩。其中，少数民族地区的娱乐活动集表演性、观赏性、参与性于一体，比如斗牛、舞龙、舞狮、少数民族的民歌对唱、舞蹈等。乡村旅游中安排娱乐活动，一定要有乡土特色，注重参与性。依托各自不同的区位与自然条件，突出旅游的乡土味。一般来说，娱乐活动具有一定的季节性、竞技性、节日性和文化性，即不同的季节有不同的娱乐活动，且含有一定的竞技特点和文化内涵。旅游开发中要尽量选取一些具有文化性、娱乐性和可操作性的项目，组织游客观看和参与表演及竞技活动。

四、农事活动旅游开发

农事活动旅游的开发以传统农业生产方式和生产工具作为旅游吸引物。农业生产过程中的生产方式和类型，包括山地农业、水稻种植业、林业、经济作物种植业、畜牧业、养殖业、渔业，以及生产民俗等都是可利用的资源。

农业生产活动本身就是一种文化现象，具有体验的价值。农业文明类型众多，如在贵州有河谷地带的水稻种植业、经济作物种植业及养殖业、渔业以及山地的农业、林业、畜牧业等。农业生产类型也因不同的地理环境而不同，农业生产从形式到内容都有很大区别，在不同的地域形成符合当地生态条件的生产方式和模式。从旅游的角度出发，传统生产方式是重要的旅游资源。因此，作为乡村旅游资源的一部分，在农业生产过程中应该有意保存和传授传统的生产方式和类型。对于现代人，特别是对于来自城镇的居民，它不仅可以演示农业生产的发展历史和文化，讲述农业生产的进步，还能直接参与农耕和民俗活动，亲身体验山地农业的生产过程，体味古老民俗生活和劳作场景，使游客倍感新奇、兴趣盎然，并且能很好地融入自然，走进另一种生活天地，轻松体验生活的乐趣。

农事活动的内容有：传统农业生产过程演示，让游客体验农业生产过程，了解乡村农业民俗风情，学习农技知识；农业生产类活动，如农业教育、农具操作体验、农产品加工等；特色农业观光，可利用大型果园、菜园、茶园、竹园、植物园、中药种植园等，开发观光农业旅游，组织游客参与采摘及品尝等活动。例如，大型花卉园地可组织赏花、购花、园艺学习类旅游活动；果园可开展观赏、品尝、采果、购果等活动；蔬菜园地可开展观赏、择菜、购菜、学习种菜技术等活动；茶山（茶园）可开展观赏、采茶、制茶、品茶活动，在竹园、植物园、中药种植园中开展观赏、学习活动等。

参与体验农事活动，以农业生产为主、旅游为辅，内容包括林场、农场、牧场、果园、茶园、渔场等。景观展示以农林产品为主体，寓旅游景点于其中，让游客在观光中了解农业和农业生产，体验农业生产和农村生活，品尝农村风味食品，领略农村田园风光之美。农事活动型乡村旅游以自然为基础，通过林果绿地、生态绿地、园林、农田、山林等景观构造。选择地形变化大、地貌组合形态突出、野生动植物保护好、水景多变且水资源丰富的山地坡地，充分突出田园风光，体现大自然的魅力。景观要素多具有生产性、观赏性、休闲性、康乐性等功能，体验活动以农事为中心，以自然生产和环境为基础、场地面积大、功能多样化、乡村性特征明显、具有经营成本低和风险小的特点。

农事活动型乡村旅游还可对乡土文化遗存进行分类整理，开发一系列复古怀旧产品，以适当的方式在乡村旅游中展示。譬如，农业生产工具（水车、风车、耙、犁、锄等）、交通运输工具（牛车、独轮车、船、轿、背篓、杠等）、手工业生产工具及制作技艺（木匠、铁匠、石匠、金匠、银匠工具等）；人文生活类活动（打陀螺、放风筝、捣麻籽、推石磨、草编、坐牛车、踩水车、划竹筏等）。另外还有餐饮、厨炊等生活用品、日常起居用品；民居及其他建筑物构筑原理及功能要求、材质及建筑构件，室内家具陈设用品等；蜡染、刺绣、挑花、织锦、剪纸、编织等服饰加工工艺；民间戏曲的道具（地戏、傩戏面具及脸谱）、旧唱本、乐器等。

第三节 贵州乡村景观类旅游资源开发

一、乡村聚落旅游开发

古村落民居保留着传统的建筑风格，有着古朴的气息，是一种独特的文化旅游资源，涉及社会学、美学、建筑学及人文地理等知识范畴，使游客增长见识，丰富知识，体验民俗。传统的建筑具有浓郁的地方特色，反映出不同地域的文化和历史。这些具有民族和地方风格的建筑，本身就有很高的艺术价值，成为重要的旅游吸引物。

古村镇布局巧妙，与自然环境融为一体，或因山就势，或凭险而建，依势筑城，因地而异，灵活多样，形成了各具特色的建筑风貌与格局。开发古村镇旅游项目要注意街道、民居、会馆、宫观寺庙等的整体格局。在古村镇建筑中，古老的民居建筑（古街道、古院落），宗教建筑（古寺庙、道观等）和公共建筑（宗祠、牌坊、桥梁、戏台和会馆等）相连成片，建筑外形特色鲜明，如幽深的四合院、青石板铺就的街道、两旁宽大的廊檐、整齐的廊柱、造型奇特的封火墙、吊脚楼、风雨桥（古桥）等。在艺术装饰上，古村镇建筑常采用木雕、砖雕、石雕、彩绘等艺术手法来装饰居室，精巧实用，做工考究。其内容丰富，表达的寓意多样，有喜庆、吉祥、富丽，也有褒扬节孝、劝世正俗等，地方风格明显，民俗情趣盎然，还有浓厚的传统文化色彩，极具观赏和审美价值。古村落旅游开发要注意保护好这些特色，充分发挥其作用。

对单体建筑，要以古建筑（四合院、石板屋建筑等）原有面貌为设计蓝图，适当搭配古董家具（桌、椅、凳等）或展示古老的生活用具（石磨、石臼等），内部可用书法、绘画、雕塑等艺术品作装饰。

二、山地、田园景观旅游开发

贵州山地景观旅游资源的开发由于远离中心城市，交通不便，经济发展落后，基础设施薄弱，开发的投资也较大。山地的垂直高差大，山体坡度陡，易发生滑坡、坍塌等自然灾害。山地因与外界隔绝而形成的自然、社会、经济系统较为脆弱，人类活动容易对山地生态平衡造成破坏。因此，山地景观开发，要坚持可持续发展的原则，严格控制活动区域范围，制定生态保护措施，将客流量限制在环境承载力范围内。

乡村生态系统由于其生态环境的多样性，孕育出了多样化的自然景观，由此能设计出丰富多样的生态旅游活动类型。因此，在具体的开发设计中，要在突出特色旅游资源的前提下，充分利用各景区的旅游资源，在景区建立多样化的生态旅游项目，满足旅游者的需求与选择。

要设计山体景观、水体景观、生物景观、农耕景观以及由路、桥和服务设施等组成的景观特征，通过山、水和植物景观等的综合一体化，构成整体景观特征。景观构成主要有陡峻的山体景观、多变的山形景观、奇松异石景观、摩崖雕刻景观、名胜古迹景观、地下河道景观、古代采矿遗迹景观等。

山地农业以农业耕作为主体，对农业产业的旅游观光功能进行开发。在景观设计中，参与和休闲性质的农事活动以及观光功能具有同等的重要性。要有植物观赏区、采摘区、戏水区、农作实践区、游乐活动区、民俗体验区、生态度假区、名胜古迹区、登山区、生活区、生态保护区、赏花区等景观。在这些功能区之间，通过不同等级的风景通道和据点有机地组合在一起。这些风景通道主要有景区外联车道、景区主干道、景区次干道、游览步道、登山道等。

田园景观是乡村旅游特色资源之一。现代旅游学认为，农田和土地都属于景观，是一种只有在乡村才具有的景观（梯田、果树林、茶园、菜园、溪流、池塘等）。田园景观是乡村景观中的重要组成部分，是集乡村景观遗产保护、景观游憩价值开发、游憩产业发展、乡村人居环境建设等功能于一体的乡村生态旅游发展模式。田园景观的建设要依据现代景观规划设计的理论与技术对景观进行规划设计，使之成为游憩休闲功能齐备、环境建设作用突出的景观。譬如，梯田是稻作农耕文明的历史产物，是人类在漫长的生存和发展中逐渐积累的智慧结晶。梯田面积大、坡度大，依靠天然灌溉系统，可称为天下奇观，有很高的科学文化价值和游览价值。梯田以其美妙的田园风光，优美的生态环境，使旅游者在感慨人类征服自然的能力时，获得审美的感受。

三、观光农业旅游开发

观光农业（或称休闲农业、旅游农业）是以农业活动为基础，农业

第八章 基于乡村旅游产业融合发展的贵州乡村旅游资源与产品开发

和旅游业相结合的一种新型的交叉型产业，具有观光旅游、农业高效及绿化、美化和改善环境的功能，使农业生产、科技应用、艺术加工和游客参加农事活动等融为一体，也是让游客领略现代化的新兴农业艺术的一种旅游活动。观光农业由农业延伸而来，具有明显的地域性。观光农业只能在具有观光农业条件、接近旅游市场的地区才能获得发展。发展观光农业必须因地制宜、合理布局。

观光农业的基本要素是，有具备观光功能的农作物、经济林木、森林、草地、花木及家畜等，为游客提供参与农业生产活动的机会，在农业生产实践中学习农业生产技术；通过观光活动，使游人在观赏的同时获得动植物的历史、经济、科学等相关知识，体验农业生产的乐趣。观光农业主要是为那些不了解农业和农村的城市人设置的，其目标市场在城市，经营者必须有针对性地、按季节特点开设观光旅游项目，如"桃花节""杜鹃花节""西瓜节"等，季节性都很强，要认真规划。

观光农业旅游的开发应根据客源市场需求，从季节因素、竞争性等诸多方面来分析客源市场。选址要考虑依托城市或名胜旅游区、交通条件等因素。另外，自然景观、气候条件、农业的种类、产量等与观光农业旅游密切关联。经营者在规划观光农业旅游项目之前，应认真分析和研究，结合自然资源条件，确定观光农业旅游开发的主要方向。

观光农业旅游包括农业观光、休闲、度假、生态保护、农耕体验等。发展观光农业要重视景观建设，发挥农业景观的旅游功能，提高农业的综合效益。观光农业类型较多，如引进优质蔬菜、高产瓜果、观赏花卉等，开发具有较高观赏价值的作物品种园地，向游客展示农业最新成果；利用林地、果园为游客观光、野营、避暑、科学考察等提供空间场所。完善交通、水电、饮食、住宿等基础设施建设，开发具有特色的农副产品及旅游产品，以供游客观光、游览、品尝、购物、参与农作、休闲、度假等多项活动。

第四节　贵州乡村旅游商品的开发

　　开发民俗旅游商品，是民俗旅游资源开发的两大目的之一。旅游从业者是否能够成功地开发民俗旅游商品，将影响民俗旅游的成败。在开发民俗旅游商品的过程中，旅游从业者必须遵循科学的开发原则，确认合理的开发类型，瞄准合适的开发要素，选择正确的开发策略，才能获得预期的成功。

一、开发乡村旅游商品的意义

　　开发乡村旅游商品的意义主要体现在两个方面，一方面开发乡村旅游商品对旅游者有意义，它提升了旅游者进行乡村旅游活动的内涵，满足了旅游者的购物需要；另一方面，它对旅游地有意义，它可以促进旅游地经济、文化、社会的发展。民俗旅游商品对旅游地的作用，即对地方政府的财政收入，旅游企业的利润，当地居民的就业与收入，旅游地的经济、社会、文化发展等方面的作用。

　　乡村旅游商品对旅游者的价值和意义包括三个方面。第一，各地区、各民族的饮食民俗各具特点。它们不仅能够满足旅游者的口腹之欲，还能够让旅游者获得精神的享受。第二，我国不同地区的民族服饰种类繁多。目前已经有相当多的服饰，被开发成为具有一定知名度的民俗旅游商品，如藏族的藏靴和藏装、侗族的围腰、苗族的百褶裙和银饰、满族的旗袍、纳西族的羊皮披肩、彝族的钩尖绣花鞋、维吾尔族的小花帽、壮族的绣花鞋和绣花垫肩、江南的丝绸与锦绣唐装、东北的貂皮和狐狸皮服饰等。诸如此类的民俗旅游商品，不仅由于特定的产地、精妙的设计和精湛的工艺而具有审美与纪念意义，而且可以满足旅游者"穿"的需要，具有实用功能。第三，民俗旅游商品在旅途与日常生活中，具有各自的用途。例如，景德镇出产各种陶瓷器具，宜兴的紫砂壶，云南保山的围棋子，文房四宝中的湖笔、徽墨、宣纸、端砚，新疆的地毯、挂毯，杭州的西湖折扇、雨伞，丽江的东巴文装饰的画框、钥匙扣，木制梳子等，这些形形色色的民俗旅游商品，不但令人赏心悦目，也具有十分重要的实用价值。

由此不难看出，实用性是旅游商品众多特性中最应该突出的特性，在开发贵州乡村旅游商品时，要牢牢把握住这一特点。

二、开发乡村旅游商品的原则

民俗旅游商品的开发必须以旅游者的需求为导向。只有认真研究旅游者的需求，了解旅游者的购买心理，才能开发出适销对路的民俗旅游商品。旅游者既要求民俗旅游商品能够满足自己的文化、心理需要，又要求民俗旅游商品能够满足自己的物质、生理需要。因此旅游从业者应该充分利用各种民俗旅游资源，开发具有鲜明特色的民俗旅游商品，用多种形式和内容的民俗旅游商品，满足旅游者日益增长的购买需要。

民俗旅游商品的形式、内容、工艺、包装、文化内涵等必须充分体现地域与民族的特征，与众不同。即使是最货真价实的民俗旅游商品，如果不在形式、内容、包装等方面进行革新，也会让旅游者感到单调、刻板、乏味，从而失去市场空间。民俗旅游商品的生命力就在于它们的特色，没有特色，就没有旅游吸引力和市场竞争力。如果旅游者在旅游过程中，所到之处看到的都是千篇一律、十分雷同的民俗旅游商品，那么他们就会失去兴趣，不会产生购买的欲望。

另外，民俗旅游商品必须具有艺术性，在形式、内容、文化内涵等方面具有审美价值，能够给人们带来美的享受。现代旅游者购买民俗旅游商品，并非仅仅为了它们的物理功能或效用，而是希望通过购买民俗旅游商品，获得一系列的心理满足，如经历、体验、记忆、赠与、审美等。其中审美是旅游者最重要的购物动机，甚至在很多情况下，旅游者购买某个民俗旅游商品是出于无意识的审美需要。

民俗旅游商品的开发，最好就地选题、就地取材、就地生产、就地销售。但是，在销售方面却不能故步自封，若有余力，要行销天下。

三、贵州开发旅游商品的资源

民俗旅游商品的开发要素，主要包括题材、材料、功能和工艺四个方面。题材是指民俗旅游商品的文化内涵。材料强调就地取材，因为很多原材料本身就具有浓郁的地域与民族特色，对原材料的选择能够反映出地域与民族的文化差异。所以就地取材，开发民俗旅游商品，更容易反映当地的民俗文化。例如，中草药就离不开各地特有的原材料，最好的党参产于山西上党地区，最好的高丽参来自朝鲜半岛，最好的藏红花采自雪域高原。功能是指民俗旅游商品能够满足旅游者的物质和精神方面的需要。民俗旅游商品只有真正采用了当地的工艺，才能代表地域与民族特色，才能有生命力、吸引力。

贵州具有开发乡村旅游商品的丰富题材和不竭材料，这是一座尚未开启的宝库，我们要倍加珍惜，好好利用。贵州的民族民间工艺品有1000多种（雕刻、漆器、陶器、绘画、编织、刺绣、染织、地毯及挂毯类、金属类、珠宝首饰类，民族工艺品、民间工艺品等）门类。每个门类又包括许多行业和品种，如织绣工艺品包括织锦、刺绣、花边等；印染工艺品包括蜡染、扎染、石灰豆浆纺染、印花品等；画类工艺品有通草画、刨花画、牛角画、烙画、布贴画、磨漆画、竹帘画、蛋画、镜屏画等；地毯有手工羊毛地毯、机织化纤地毯等。雕塑工艺品有石雕（刻砚、大理石工艺品、玉带石雕、金石印章）、木雕（地戏面具、树根雕、黄杨木雕、车木制品）、核雕等；美术陶瓷有美术陶、美术瓷、工艺砂器等；其他工艺品有纸扇、工艺伞、盆景、彩扎、剪纸等。每个品种又按工艺、题材、造型、款式、用途有更细的分类。

开发土特产品和手工艺品，是保护非物质文化遗产和促进乡村旅游的途径之一。民俗旅游商品具有一定的实用价值，即能够在旅途与日常生活中，为旅游者解决很多实际的问题。不同的民俗旅游商品具有不同的实用价值，而且一种民俗旅游商品，可以具有多种实用价值。民俗旅游商品的实用价值，主要体现在它们能够满足旅游者吃、穿、用等方面

第八章 基于乡村旅游产业融合发展的贵州乡村旅游资源与产品开发

的物质需要。开发民俗旅游商品，既可以满足旅游者的购物需要，又可以促进旅游地经济社会的发展。贵州工艺品很多，如安顺蜡染、地戏面具、大方漆器、玉屏箫笛、赤水香扇、荔波凉席、万山竹雕、晴隆翡翠、黄平泥哨、织金砂陶、平塘牙州陶、普定土陶、印江的白皮纸、石雕以及遵义、贵定的通草堆画和思州、普安的石砚等。

对于交通不便，经济和生产生活条件较差的贵州乡村，旅游工艺品的开发在传承民族文化遗产的同时，还能带来直接的经济收益。乡村旅游是分步骤、有重点地逐步推进的，在目前还没有开展乡村旅游的村寨，能够通过手工艺品和特色产品加工，获得乡村旅游带来的利益，并且保护文化遗产。

土特产品、工艺品加工过程，也可列为乡村旅游的参观项目和体验项目。如丹寨石桥古法造纸工艺就是一个有地方特色的参观项目。其位于丹寨县城北35千米南皋乡的石桥堡，四面环山，沅江上游的一条支流南皋河流经村旁，充足的水利资源为造纸生产提供了极为有利的条件。当地传统的白皮纸作坊已有近百年历史，是全省乃至全国古法造纸工序、工具保存得最完整，规模最大的地方。石桥堡利用这一优势，开发以展示传统白皮纸生产工艺为主的旅游项目，向游客展示纸浆制作和抄纸、压纸、晒纸、揭纸等流程。

研究开发适销对路的旅游商品，能提升乡村旅游的文化内涵。贵州要围绕旅游工艺品的保护和利用，建立组织保障机构，负责旅游商品保护、利用、研发、设计、管理机制；要特别重视乡村具有特殊专业技能的代表人物等本土资源优势。政府要有选择、有重点地培育非物质文化遗产保护和手工艺开发的机制；要研究游客市场，以此进行旅游工艺品的开发，开拓旅游商品市场。旅游工艺品要反映当地传统工艺和地方特色，便于收藏展示。要通过多种形式组织、引导和培训村民依托当地的特有资源，参与设计、开发和销售具有民族和地方特色的旅游商品。就地取材，充分利用当地特有的原材料，生产民俗旅游商品。在用材、造型、色调、图案、风格和包装装潢等方面，注意体现当地的民俗文化，使乡村旅游商品具备纪念性、艺术性、实用性，体现地方风格、民族风格。通过延长乡村旅游产业链，提升传统农业和手工业的附加值，使更多的农民从制作、生产乡村旅游商品中得到实惠。

参考文献

[1]白家和,张再杰.贵州省农业特色优势产业扶贫路径研究[J].南方农机,2021(2):3-4.

[2]陈行.贵州绿色产业扶贫投资基金扶持农业特色产业问题与对策研究[J].区域治理,2021(15):17-22.

[3]陈绍宥.大数据背景下贵州新兴产业发展研究[M].北京:知识产权出版社,2018.

[4]陈永琴.贵州文旅产业与特色农业产业高质量融合发展研究[J].旅游与摄影,2021(21):52-53.

[5]邓伦.贵州南盘江流域发展特色农业产业扶贫的重要路径分析[J].农业与技术,2020(20):168-169.

[6]顾颖.新时代背景下文化旅游产业发展对策研究——以贵州省乡村文旅融合发展为例[J].艺术科技,2021(13):105-106.

[7]郭景福,张扬.民族地区生态文明建设与特色产业发展理论与实务[M].北京:民族出版社,2016.

[8]胡亚兰,马阿松.基于特色农业的贵州省产业链构建[J].中文科技期刊数据库(全文版)经济管理,2021(11):45-47.

[9]胡燕.贵州特色农业产业集群发展与政府作用[J].吉林农业,2012(10):1.

[10]解静.贵州农业产业发展问题探析[J].山西农经,2022(12):147-149.

[11]梁龙凤.乡村振兴视角下贵州银饰旅游产品开发研究[J].今日财富(中国知识产权),2021(10):205-207.

[12]林峰,等.乡村振兴战略规划与实施[M].北京:中国农业出版社,2018.

[13]刘光.乡村旅游发展研究[M].青岛:中国海洋大学出版社,2016.

[14]刘玲玲.贵州少数民族地区特色农业产业化发展探析[J].时代经贸,2012(10):79-80.

[15]刘曙霞.乡村旅游创新发展研究[M].北京:中国经济出版社,2017.

[16]鲁国晶,李景莲,鲁怀琦.贵州扶贫开发与山地特色高效农业产业发展实践研究——以贵州省罗甸县为例[J].市场周刊(理论版),2018(35):21-22.

[17]马亮.乡村旅游产业创新实践与案例分析[M].北京:中国农业出版社,2019.

[18]申雯清.乡村振兴战略下贵州农旅融合产业高质量发展探析——基于黔南H村的个案[J].贵州民族大学学报(哲学社会科学版),2023(1):21-40.

[19]申小云,吴佳海.贵州喀斯特山区草地生态畜牧业应用技术[M].兰州:甘肃科学技术出版社,2015.

[20]宋潇玉,吴函彦,刘荣.乡村农旅融合发展的优势与规划建议:以贵州省瓮港村为例[J].农技服务,2021(1):139-140,142.

[21]孙荣荣,韩雯.乡村振兴背景下金融支持贵州省特色农业产业化发展研究[J].农业与技术,2022(3):145-148.

[22]孙兴,陈宁,刘冬梅.山区农业县培育特色优势产业的思考:贵州省湄潭县茶产业典型案例分析[J].农村经济与科技,2015(6):39-41.

[23]田芬.贵州省山地特色农业产业链发展对策[J].乡村科技,2018(20):32-33.

[24]万木英,张洪昌.乡村振兴视域下民族村寨旅游高质量发展策略研究[J].黔南民族师范学院学报,2022(4):106-114.

[25]王留鑫,洪名勇.贵州特色农业产业化发展研究——模式、问题及对策[J].贵阳市委党校学报,2012(4):5-9.

[26]吴古昌.贵州安龙:扶持现代特色农业产业发展[J].中国财政,2015(18):8.

[27]熊肖雷.贵州特色农业产业绿色发展的路径选择研究[J].产业与科技论坛,2021(5):21-25.

[28]徐丁,李瑞雪,武建丽.休闲农业与乡村旅游[M].北京:中国农业科学技术出版社,2018.

[29]张平弟.乡村振兴与规划应用[M].北京:中国建筑工业出版社,2020.

[30]张述林,李源,刘佳瑜,等.乡村旅游发展规划研究理论与实践[M].北京:科学出版社,2014.

[31]赵皇根,宋炼钢,陈韬.振兴乡村旅游理论与实践[M].徐州:中国矿业大学出版社,2018.

[32]周宸.产业融合下贵州休闲农业旅游发展研究[J].经济研究导刊,2022(14):35-37.

[33]周璐.脱贫攻坚视域下乡村旅游发展的路径研究——基于贵州省凤冈县调查与分析[J].兴义民族师范学院学报,2018(5):40-43.

[34]朱万峰.新时代乡村振兴规划研究[M].北京:中国农业出版社,2019.